Abenteurer Gottes

Dave und Neta Jackson

Martin Luther

Nächtlicher Überfall

cLv
Christliche
Literatur-Verbreitung e.V.
Postfach 11 01 35 · 33661 Bielefeld

Dave und Neta Jackson sind als Ehepaar ein Team, das zahlreiche Bücher über Ehe und Familie, Kirche, Beziehungen und andere Themen geschrieben und mitgeschrieben hat. Zu ihren Büchern für Kinder zählen die »Abenteurer Gottes«-Serie und »Glaubenshelden«. Die Jacksons sind in Evanston, Illinois, zu Hause.

1. Auflage 2004

Originaltitel: Spy for the Night Riders
© 1992 by Dave und Neta Jackson

© der deutschen Ausgabe 1995 by Zapf & Hofmann
2004 by CLV · Christliche Literatur-Verbreitung
Postfach 11 01 35 · 33661 Bielefeld
Internet: www.clv.de

Umschlag: Dieter Otten, Gummersbach
Satz: CLV
Druck und Bindung: Ebner & Spiegel, Ulm

ISBN: 3-89397-452-0

Vorwort

Alle Erwachsenen in diesem Buch sind historische Personen, und auch die Ereignisse – außer die Flucht durch das Werratal –, in denen sie eine Rolle spielen, sind wirklich geschehen.

Außerdem hatte Martin Luther zwei Begleiter bei seiner Rückkehr aus Worms. Einer war Bruder Johannes Petzensteiner. In den historischen Werken bleibt der zweite ungenannt. Wer weiß? Vielleicht war es ein Junge wie unser Karl Schumacher. Jedenfalls war es dieser Ungenannte, der mit dem Herrn der Wartburg zusammenarbeitete, um die Entführung Luthers zu organisieren.

Inhalt

Die Bulle	9
Ein gefährliches Unternehmen	17
Kein Platz für Feiglinge	28
Nächtliche Reiter	35
Der Triumphzug	46
Geknebelt und gefesselt	58
Der Auftrag	65
Fluchtpläne	74
Flucht durch das Werratal	84
Gefangen genommen	96
Die dunkle Burg	104
Gefangen im Turm	111
Mehr über Martin Luther	121

Der Weg nach Worms

Die Bulle

Als ich zehn Jahre alt war, sah ich eine Verbrennung.

Verzeiht mir, aber ich muss das näher erklären, weil ihr sonst nicht versteht, warum ich solche Angst bekam, als ich den Namen meines Herrn auf einem Plakat sah, das am Portal der Wittenberger Kirche angebracht war.

Diese Verbrennung war das erste Mal überhaupt, dass ich einen Menschen habe sterben sehen. Sie sagten, er wäre ein Ketzer gewesen – dass er sich gegen Gott und die Kirche stellte. Doch ich konnte das nicht glauben.

Es geschah frühmorgens an einem regnerischen Dienstag. Mein Vater ist Schuster. (Deswegen heiße ich auch Karl Schumacher.) Er hatte mich zum Bürgermeister geschickt, ihm die reparierten Stiefel zu bringen. Papa hatte sie in Ordnung gebracht, und nun glänzten sie schwarz und schön. Sie sahen toll aus, wie Papas Arbeiten immer. Doch als ich an die Tür des Bürgermeisters klopfte, war er sehr ärgerlich. Er zog mich am Ohr und sagte: »Rein mit dir, Junge, und hilf mir, die Stiefel anzuziehen. Ich habe nicht den ganzen Tag Zeit. Ich darf nicht zu spät bei der Verbrennung sein.«

Ich hatte bereits gehört, dass eine Verbrennung stattfinden sollte, und ich wusste auch, dass Mama bestimmt nicht wollte, dass ich hinging. Aber ich war neugierig, und das war meine einzige Chance, so etwas zu sehen, ohne dass sie davon wusste. Ich half also dem Bürgermeister in seine Stiefel und folgte ihm auf den Marktplatz in der Mitte unseres kleinen Dorfes Düben. Dort hatte der Stadtpolizist alles vorbereitet, und eine Menschenmenge hatte sich bereits versammelt. Ich versuchte, mich unauffällig unter die Leute zu mischen in der Hoffnung, dass niemand mich bemerkte und es Mama erzählte. Zum Glück waren alle so gefangen von dem, was sie sahen, dass sie mich wahrscheinlich nicht einmal bemerkt hätten, wenn ich ihnen auf den Füßen herumgelaufen wäre.

Sobald der Bürgermeister kam, zündete der Stadtpolizist einen Holzspan an und steckte damit einen gewaltigen Holzstoß in Brand. Dann verschwanden die beiden im Rathaus. Sie blieben solange darin, dass ich beinahe aufgegeben hätte und nach Hause gegangen wäre – Papa fragte sich sowieso sicher schon, warum ich so lange wegblieb. Auch das Feuer wäre heruntergebrannt, wenn nicht immer wieder die Leute aus dem Dorf Äste und Zweige hineingeworfen hätten. Irgendjemand in der stets wachsenden Menge rief: »Bringt ihn raus! Wir haben nicht den ganzen Tag Zeit!« Die anderen schrien sofort mit: »Bringt ihn raus! Bringt ihn raus! Bringt ihn raus!« Ich schrie mit, aber das war, bevor ich wusste, wie eine Verbrennung ablief.

Einige ältere Jungen um die fünfzehn (so alt, wie ich jetzt bin) standen an der Seite und unterhielten sich über Verbrennungen. »Es ist, wie wenn man das Fell eines Hundes versengt. Nur bei einem Ketzer ist es nicht das Haar, das wegbrennt, sondern die Ketzerei.« Sie lachten alle und stießen einander, als ob sie sich gegenseitig ins Feuer werfen wollten.

Schließlich kamen der Bürgermeister, der Stadtpolizist und zwei Helfer heraus und befahlen, dass ein Weg vom Rathaus zum Scheiterhaufen geräumt würde. Zuerst bewegte sich niemand; jeder wollte einen Platz, von dem aus er alles sehen konnte. Der Stadtpolizist musste sie mit dem stumpfen Ende seiner Lanze stoßen, bis sie aus dem Weg gingen. Dann kamen die Kirchenleute in ihren feinen roten Roben heraus. Ich kannte keinen von ihnen. Sie waren nicht von hier; sie waren nur als Richter gekommen, um den Ketzer zu verurteilen. Schließlich ging der Stadtpolizist zurück und kam mit dem Ketzer wieder heraus. Er führte ihn, denn seine Hände waren auf dem Rücken zusammengebunden. Ihnen folgte unser Dorfpfarrer, der schlimmer aussah als dieser Ketzer – er ließ den Kopf hängen, das Haar war ganz durcheinander. Er sah aus wie ein Wilder.

Ich erkannte den Ketzer wieder. Er hatte ein- oder zweimal auf dem Marktplatz gepredigt. Auch er kam von außerhalb. Die Leute sagten, er ist in unser Dorf gekommen, um die Menschen zu bekehren.

Er war groß und mager, trug einen langen, dünnen Bart, der hauptsächlich aus seinem Kinn und kaum aus den Wangen wuchs. Er sah nicht so alt aus wie Papa, doch er hatte fast eine Glatze. Als er die Stufen herunterkam und durch die Menge ging, blickte er ganz ruhig auf die Menschen, und dann fiel sein Blick auf mich, und er lächelte. Ich sehe immer noch seine Augen vor mir – dieses helle Blau, fast wie Kreide. Ich glaube ... ich hoffe, dass ich zurückgelächelt habe.

Ich hatte von Menschen gehört, die auf dem Scheiterhaufen verbrannt worden waren. Aber hier gab es keinen richtigen Scheiterhaufen. Den Ketzer hatte man rückwärts auf eine Leiter gelegt, wo man ihn festband. Das Feuer wurde neu aufgeschichtet und entzündet, bis die Flammen hochschlugen.

Während der ganzen Zeit kniete der Pfarrer neben dem Ketzer. Ich stand nahe genug, um ihn flehen zu hören, dass der Ketzer widerrufen sollte, damit sein Leben gerettet wäre. Tränen liefen dem Pfarrer das Gesicht hinunter, als er an dem Kreuz um seinen Hals nestelte. Es ist hart, einen Erwachsenen weinen zu sehen. Doch der Ketzer lächelte nur und sagte:»Es tut mir Leid, Pater. Ich kann nicht, es sei denn, man zeigt mir in Gottes Wort, dass ich Unrecht habe.« Wo er Unrecht haben sollte, weiß ich nicht. Nicht einer Meinung mit der Kirche zu sein, war Verbrechen genug.

Dann richteten der Stadtpolizist und seine Leute die Leiter auf. Der Ketzer war oben festgebunden und hing dort mit dem Rücken zum Feuer. Es war erschreckend, wie ähnlich er den Darstellungen Jesu Christi sah, wie er so hoch über der Menge hing. Dann fragte einer der Richter, ob er noch etwas zu sagen hatte und erklärte ihm, dass er noch immer sein Leben retten konnte, wenn er seine Einstellung änderte.

Der Ketzer blickte sich um, dann rief er laut, so dass jeder es hören konnte:»Ich will nur das Eine sagen.«

Und dann begann er zu singen, mit einer so wunderschönen Stimme, wie ich es nie zuvor gehört hatte.

Sie ließen ihn das Lied zweimal singen, dann ließen sie die Leiter umfallen, so dass der Ketzer auf dem brennenden Holzhaufen landete. Funken sprühten, und einige brennende Zweige flogen in die Gegend. Die Menschen sprangen zur Seite, um nicht getroffen zu werden. Doch in den Flammen lag der Ketzer und sang immer weiter, statt zu schreien, bis er keine Luft mehr bekam. Und dann, als das Feuer die Stricke verbrannt hatte, die seine Arme und Beine hielten, streckte er eine Hand gegen den Himmel aus. Sie blieb so, und am Ende sah es aus wie ein verkohlter Ast eines alten Baumes.

Ich kann den Geruch nach verbranntem Fleisch gar nicht beschreiben, so eklig war er. Mir wird schon schlecht, wenn ich nur daran denke.

Ich lernte bei dieser Hinrichtung, dass nicht nur schlechte Menschen hier in Deutschland oder sonst wo im Heiligen Römischen Reich zum Tode verurteilt wurden. Wer Gott loben konnte, während er auf einem Scheiterhaufen verbrannte, und dem kein Fluch gegen die, die ihn dorthin gebracht hatten, über die Lippen kam, musste den Heiligen Geist in sich haben. Ich glaube, andere dachten ebenso. Von dem Augenblick, als er zu singen begann, bis wir uns zerstreuten, wurde nicht ein Wort gesprochen, nicht einmal von den älteren Jungen, die glaubten, alles zu wissen.

Wenn jemand seit der Zeit die Verbrennung in Düben erwähnt, spricht er davon mit der Hochachtung, die man einem Heiligen entgegenbringt. Und unser

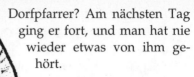

Dorfpfarrer? Am nächsten Tag ging er fort, und man hat nie wieder etwas von ihm gehört.

Vielleicht versteht ihr jetzt, warum ich einen solchen Schreck bekam, als ich den Namen meines Herrn auf dem Plakat an der Kirche las. In dicken schwarzen Buchstaben nannte man ihn dort einen Ketzer! Doch auch wenn mein Herr, Doktor Martin Luther, einer der berühmtesten Lehrer im ganzen Reich war, würde ihn das nicht vor dem Verbrennen bewahren, wenn er der Ketzerei für schuldig befunden würde.

Ich lebe nicht mehr in meinem Geburtsort Düben. Als jüngster Sohn gab es keinen Platz mehr für mich im Geschäft meines Vaters, und außerdem wollte ich lieber etwas anderes lernen als Kaufmann. Um etwas zu lernen, ging ich nach Wittenberg und bewarb mich bei Doktor Luther als sein Diener. Ich mache Botengänge für ihn, halte seine Kleidung und seine Zimmer sauber und diene ihm als Stallbursche, wenn er unterwegs ist. Dafür lässt er mich in seinen Vorlesungen an der Universität sitzen und bringt mir auch abends noch einiges bei, wenn er nicht zu müde ist. Für mich ist das toll. Und vielleicht werde ich irgendwann sogar ein richtiger Student.

Als ich jedoch an diesem Tag später die Straße hinunterkam, nachdem ich ein Pferd und einen Wagen zurückgebracht hatte, die wir geliehen hatten, um einige Besuche in den Nachbarorten zu machen, bemerkte ich ein neues Plakat am Kirchenportal. Es war nicht nur ein einzelnes Blatt. Es war fast schon ein kleines Buch, die Leute nennen es Bulle. In Wittenberg ist das Kirchenportal die verlässlichste Quelle für Neuigkeiten. Alle offiziellen Mitteilungen werden hier ausgehängt, damit jeder sie lesen kann. An diesem Portal hatte Doktor Luther auch vor drei Jahren seine 95 Thesen angebracht; sie enthielten seine Argumente gegen falsche Lehren und Handlungen. Mit diesen Thesen kritisierte er die Zustände in der Kirche. Natürlich mochten die Obersten der Kirche das überhaupt nicht.

Was mir auffiel, war der Name meines Herrn. Ich las es schnell. Das Datum war der 15. Juni 1520 – fünf Monate zuvor – und es war vom Papst, dem Oberhaupt der römisch-katholischen Kirche, unterschrieben. Es hieß, dass Doktor Luther aus der Kirche hinausgeworfen würde, wenn er nicht nach Rom käme, um seine ketzerischen Schriften und Gedanken zu widerrufen.

Nach Rom? Widerrufen? Das war ja eine nette Art zu sagen, dass die Kirche ihn bereits verurteilt hatte. Ich las weiter. Das Blatt verbot jedem, Luthers Schriften zu verteidigen oder ihm zu helfen. Mein Herz schlug schneller. Das war eine Exkommunikationsbulle! Er sollte aus der Kirche ausgestoßen werden, und jeder, der ihm half, würde genauso verurteilt werden.

Ich versuchte zu begreifen, was das bedeutete. Doktor Luther war zwar berühmt, und er war auch ein guter Lehrer, aber wenn er nicht seine Meinung über die Bedeutung des Wortes Gottes änderte – und ich wusste, dass er das niemals tun würde –, war er nicht mehr sicher.

Ich blickte die Straße hinunter, um zu sehen, ob mich jemand beobachtete. Die Menschen gingen ihre eigenen Wege und achteten nicht auf mich ... außer einem Mädchen in meinem Alter, das an einem Obststand in der Straße stand. Ich hatte sie nie zuvor gesehen. Sie war besser angezogen als die normalen Bauernmädchen, aber sie trug einen Korb, also war sie wohl zum Markt gegangen. Sie hatte ungewöhnlich langes schwarzes Haar, das ihr lose den Rücken hinunterhing. Die meisten Mädchen in ihrem Alter trugen Kopftücher. ›Es reicht‹, sagte ich zu mir selbst. Jetzt war keine Zeit, hübschen Mädchen nachzuschauen. Als sie sich umdrehte, riss ich das Plakat von dem Portal und rollte es schnell zusammen. Dann stopfte ich es in meine Jacke und rannte zur Universität.

Mein Herr war in Gefahr. Und wenn ich ihm half, war ich es auch.

Ein gefährliches Unternehmen

Ich fand Doktor Luther auf dem Universitätsplatz, wo er mit einigen Studenten über seine Nachmittagsvorlesung sprach. So höflich wie ich konnte, unterbrach ich sie. »Entschuldigen Sie bitte, mein Herr. Aber ich muss dringend mit Ihnen sprechen.«

Wahrscheinlich dachte er, es hätte Probleme mit dem Pferd und dem Wagen gegeben, denn er antwortete: »Mach dir keine Sorgen, Karl. Wir werden heute Abend darüber sprechen, und alles wird wieder ins Lot kommen. Nun geh und bereite etwas Schönes für meinen Geburtstag vor.« Er lächelte wohlwollend.

Oh nein! Das hatte ich ja total vergessen. Es war der 11. November, und – ich rechnete schnell nach – Doktor Luther wurde 37. Ich wollte gerade von meinen Neuigkeiten anfangen, doch er hatte sich schon wieder seinen Studenten zugewandt. Daher verließ ich die kleine Gruppe und eilte zum Markt, wo ich einige neue Kerzen, frisches Brot, Wein, Käse und einen kleinen Honigkuchen kaufte.

Als ich schließlich in unsere Zimmer zurückkehrte, war Doktor Luther bereits da. Ich ließ die Einkäufe auf den Tisch fallen und zog schnell die Bulle aus der Tasche. »Ich habe dies am Kirchenportal gefunden«, sagte ich.

Luther strich die Seiten glatt und blätterte das kleine Heft durch. »Ist Johann Eck also an die Öffentlichkeit gegangen. Diese Bulle wurde mir auch schon persönlich übergeben.«

»Dann kennen Sie sie bereits?«, fragte ich.

»Ja, ja. Sie wurde dem Direktor der Universität präsentiert, und er zeigte sie mir vor einiger Zeit. Aber ich hätte es wissen müssen. Eck würde keine Gelegenheit vorbeigehen lassen, mich öffentlich anzuprangern.«

Johann Eck ist der ärgste Feind meines Herrn. Ich hatte ihn einmal an der Universität Leipzig gesehen, wo er sich in einer öffentlichen Diskussion gegen Luther aussprach. Eck war ein sehr entschlossener und listiger Mann.

»Sie glauben also, dass er es war?«, fragte ich.

»Wer sonst?« Luther warf das Papier auf einen kleinen Stapel neben seinem Schreibtisch.

»Was werden Sie jetzt unternehmen?«, fragte ich ihn.

»Was soll ich schon tun? Einen weiteren Zettel schreiben, dass alles unfair ist?«

»Vielleicht. Aber … müssen Sie nicht nach Rom, um sich zu verteidigen?«

»Das gibt es nicht, sich gegen eine solche Anklage in Rom verteidigen. Der Papst hat diese Bulle erlassen, auch wenn Eck ihm wahrscheinlich Wort für Wort diktiert hat. Aber wenn man nach Rom gerufen wird, geht man entweder und widerruft alles und macht sich selbst zum Narren, oder man …«

»Oder was?«

»Ich weiß es nicht. Aber ich werde darüber nachdenken.«

Ich stand noch da und blickte auf das Papier auf dem Boden, doch Doktor Luther wühlte in meinen Einkäufen herum. Ich versuchte also, das Plakat und seine Bedeutung zu vergessen und richtete meine Aufmerksamkeit auf die Geburtstagsfeier meines Herrn. Doktor Luther war äußerst gut gelaunt und machte einen großen Zirkus beim Anschneiden des Honigkuchens.

Nachdem wir gegessen hatten, fragte ich ihn: »Doktor Luther, als Sie ein Junge waren, was wollten Sie werden?«

»Was ich werden wollte, als ich in deinem Alter war?«

»Ja. In meiner Familie fragten uns die Eltern an Geburtstagen immer, was wir werden wollten, wenn wir erwachsen wären. An ihren Geburtstagen fragten wir deshalb immer sie, was sie werden wollten, als sie in unserem Alter wären.«

»Hm. Ich weiß es nicht.« Doktor Luther kratzte sich am Kinn. »Ich wollte auf keinen Fall ein Bergarbeiter wie mein Vater werden. Sein Leben war fürchterlich. Er atmete den ganzen Tag den Kohlenstaub ein und hustete deshalb die ganze Nacht. Ich wollte etwas ganz anderes. Vielleicht kann ich dich deshalb so gut verstehen, Karl. Ich weiß, was es heißt, nicht in die Fußstapfen des Vaters zu treten. Ich bewundere dich dafür, dass du etwas anderes willst.«

»Wollten Sie immer Lehrer werden?«

»Nein, nein.« Er lachte ein bisschen, als er seinen Kuchen in seinen Apfelwein tauchte. »Ich glaube, als

Junge wollte ich ein Ritter werden, der für einen mächtigen Herrn kämpft und alles Böse aus dem Land austreibt. Es gab einen alten Volkshelden, Ritter Georg, der sein Volk aus der Herrschaft eines grausamen Königs befreite und das Land für den rechtmäßigen König zurückeroberte. Hast du schon von dieser Sage gehört?«

Ich nickte.

»Nun, ich wollte wie dieser Ritter Georg sein«, lächelte Doktor Luther. »Was hältst du davon?«

»Ich weiß es nicht«, erwiderte ich und versuchte, mir den Professor als Reiter auf einem Pferd vorzustellen, der ein mächtiges Schwert schwang. Doch als ich in meinem Bett lag, fiel mir ein, dass Doktor Luther ja eine Art Ritter geworden war, der für Wahrheit kämpfte. Die Kirche von Rom war korrupt geworden. Viele der Kirchenführer kümmerten sich nicht darum, dass die Menschen Gott kennen lernten. Sie interessierte nur, wie sie den Leuten das Geld aus der Tasche ziehen konnten. Und sie taten es auf alle möglichen Arten. Zum Beispiel verkauften sie Ablassbriefe, ein Papier, auf dem stand, dass die Sünden der Person, die den Brief besaß, vergeben waren. Das machte Doktor Luther sehr wütend. Er predigte, dass Vergebung nicht gekauft und verkauft werden kann – sie ist ein Geschenk Gottes, das alle bekommen, wenn sie ihre Sünden wirklich bereuen und Gott um Vergebung bitten.

Deswegen wurde Johann Eck Luthers Feind. Eck verteidigte all diese schlimmen Dinge; Luther stellte sich dagegen. Ich wusste, dass sich ein regelrechter Kampf zusammenbraute – nicht nur zwischen diesen beiden Männern, sondern in der ganzen Kirche und im ganzen Reich. Doch da die römisch-katholische Kirche und das Heilige Römische Reich auf einer Seite standen, hielt man Menschen wie Luther, die die Kirche aufforderten, ihr Verhalten zu ändern, für Verräter.

Die Wochen vergingen, und Doktor Luther unternahm nichts, um nach Rom zu gehen, wie es der Papst verlangt hatte. Dann hörte ich eines Tages zufällig, wie er mit einigen anderen Universitätsprofessoren sprach. »Ich habe an den Kaiser geschrieben«, sagte er. Er meinte Karl V., den Regenten des gesamten Heiligen Römischen Reiches.

»Was haben Sie getan?«, rief Bruder Nikolaus. »Halten Sie das nicht für gefährlich, Luther? Wenn der Kaiser Sie verdammt, könnte es Ihr Todesurteil bedeuten.« Nikolaus von Amsdorf war auch ein Mönch und ein Kollege, der viele der Ansichten Luthers teilte.

»Das könnte schon sein«, meinte Luther ruhig, «und ich habe auch kein Vertrauen in den Kaiser. Wir alle wissen, wie jung er ist und wie schwach sein Charakter. Er wird von anderen beeinflusst, in der Hauptsache von den Leuten des Papstes. Aber zumindest an diesem Gericht wird es einen fairen Prozess geben. Unser Johann Friedrich sitzt bei dem Reichstag als Kurfürst von Sachsen. Er und einige andere werden auf eine ordentliche Verhandlung achten.«

Ich fühlte mich trotzdem unbehaglich, denn ich wusste nicht, ob der Kurfürst von Sachsen Doktor Luther schätzte oder nicht. Einige sagten, er täte es, andere sagten nein. Aber … ich hatte auch gehört, dass er sich für den Schutz seiner Bürger einsetzte, und er war sehr mächtig. Er würde niemals zulassen, dass einer seiner berühmtesten Professoren als Ketzer verurteilt würde, ohne dass eine ordentliche Gerichtsverhandlung stattgefunden hätte. Vielleicht war also das, was Luther getan hatte, ganz klug.

Doch früh am Morgen des 10. Dezember, als ich zur Universität ging, bemerkte ich eine Menschenmenge um das Schwarze Brett. Ich bahnte mir einen Weg durch die Menge, ein Student las laut vor.

Alle, die sich zu der evangelischen Wahrheit halten, sollen sich heute früh um neun Uhr vor den Toren unserer Stadt einfinden. Dort werden die gottlosen Bücher des päpstlichen Rechts verbrannt werden, wie auch Paulus die Bücher über Hexerei in Ephesus verbrannt hat. Denn die Feinde des Evangeliums haben sich ihrerseits herausgenommen, Luthers Schriften zu verbrennen. Auf, ihr gläubigen Studenten, kommt zu diesem gottgefälligen Schauspiel! Denn vielleicht ist jetzt die Zeit, da der Antichrist offenbar werden soll.

Hatte Luther diesen Zettel angeheftet oder jemand anderes? «Vielleicht», so meinte einer der Studenten, «hat einer seiner Gegner diese Botschaft angebracht, weil er Luther in Schwierigkeiten bringen will.»

»Er kann doch gar nicht mehr Schwierigkeiten bekommen, als er ohnehin schon hat«, sagte ein anderer. »Habt ihr nicht gehört, dass Doktor Luther zur Anklage der Ketzerei Stellung nehmen muss?«

Wir zwängten uns alle in Luthers Vorlesungssaal und rutschten ungeduldig auf unseren Plätzen hin und her, als Doktor Luther einfach mit seiner Vorlesung fortfuhr. Doch am Ende der Stunde klärte Luther das Geheimnis auf:

»Liebe Studenten. Sie wissen, dass meine Schriften von dem Papst abgelehnt wurden. Und in einigen Städten im Süden haben einige Geistliche das zum Anlass genommen, meine Schriften zu verbrennen. Nun, hier im Norden ist bald Winter. Wenn Sie also nichts besseres zu tun haben nach dem Unterricht, lade ich Sie ein, mich vor die Stadtmauer zu begleiten, wo wir uns auch die Hände an einem eigenen kleinen Feuer wärmen wollen. Ich beabsichtige, alle diese falschen Erlasse des Papstes dort zu verbrennen.« Er hielt uns einen Stoß von Büchern und Heften entgegen.

Jubel ertönte von den Studenten. Sie konnten es kaum erwarten, das, was sie in den letzten Wochen gelernt hatten, in die Tat umzusetzen. Alle stürmten durcheinander zur Tür. »Karl«, sagte Doktor Luther, «hilf mir, diese Schriften zu tragen.«

Vor dem Elstertor der Stadt Wittenberg hielt Luther die Studenten an, Holz für ein Feuer aufzuschichten. Doktor Luthers Vorlesungen wurden oft von über dreihundert Sudenten besucht, doch an diesem Vormittag waren es noch mehr. Die Menschen mussten sich uns angeschlossen haben, als wir durch die Straßen liefen. Auch einige Universitätsprofessoren begleiteten uns.

Als das Feuer richtig brannte, nahm Luther die Schriftstücke eins nach dem anderen in die Hand, las den Titel jedes einzelnen vor und warf es dann in die Flammen. Schließlich hielt er die Bulle hoch, in der ihm befohlen wurde, nach Rom zu kommen und

seine Überzeugungen zu widerrufen. Er sagte: »Einige von euch haben gehört, dass ich aus der Kirche hinausgeworfen werden soll, wenn ich nicht meine Überzeugungen und Schriften zurücknehme. Doch da der Papst die Wahrheit Gottes in den Schmutz getreten hat, werfe ich auch diese Bulle in das Feuer. Amen.« Die Menge jubelte.

Anschließend gingen Luther und die anderen Professoren feierlich zurück zur Universität. Doch die Studenten blieben, und kurz darauf sangen sie und tanzten um das Feuer herum. Sie waren alle lustig und ausgelassen, … doch mich erinnerte es an diese Verbrennung, die ich als Junge miterlebt hatte, deshalb sah ich nur zu.

Ich war überrascht, als ich in der Menge dasselbe Mädchen wiedersah, das ich an dem Tag getroffen hatte, an dem ich die Bulle am Kirchentor entdeckt hatte. Diesmal war ihr langes, dunkles Haar zurückgebunden, doch ihr Kopf war immer noch unbedeckt. Und obwohl ihre Kleider nicht unbedingt schick waren, lächelte sie mit ihrem hübschen Gesicht. Sie stand so still und unauffällig da, als ob sie ... als ob sie eine ›Beobachterin‹ war. Ich weiß kein besseres Wort, um ihr Verhalten zu beschreiben. Es schien, als sei ihre einzige Aufgabe zu beobachten. Und ich konnte nicht anders, als sie beobachten. Als sich jedoch unsere Blicke trafen, sah sie schnell weg. Warum schaute sie weg? Und warum machte sie bei dem Trubel nicht mit? Erinnerte sie das Feuer auch an etwas Unangenehmes, so wie mich, oder gab es einen anderen Grund?

»Lasst uns all die falschen Schriften in der ganzen Stadt zusammensammeln«, rief ein Student. Wie auf ein Stichwort strömte die Menge durch die Stadttore zurück. Kurz darauf hatten sie einen alten Karren aufgetrieben, einige setzten sich darauf, während andere ihn zogen. Ein Student hatte eine Trompete und begann, irgendwelche schrägen Töne zu blasen, während der Zug durch die Straßen marschierte. Sie wurden immer übermütiger und klopften an die Haustüren, um die Leute zu fragen: »Haben Sie welche von den Giftblättern des Papstes hier? Wir wollen die Stadt davon befreien.«

Ich war ihnen drei Straßen lang gefolgt und zu dem Feuer zurückgekehrt, um mehr Schriften zu verbrennen, als ich bemerkte, wie das Mädchen mit den langen, dunklen Haaren die anderen verließ. Wahrscheinlich wäre mir das gar nicht aufgefallen, wenn sie sich nicht umgesehen hätte, ob jemand sie beobachtete. Dann verschwand sie in einer engen Gasse. Als ich ihr hinterherlief und die Straße hinunterblickte, war sie schon fast bis zum anderen Ende gerannt. Ich beschloss, ihr zu folgen. Schließlich war sie sehr hübsch und geheimnisvoll; warum also sollte ich nicht herausfinden, wo sie wohnte?

Es gelang mir kaum, sie nicht aus dem Blick zu verlieren. Doch nach einigen Kreuzungen und Einmündungen betrat sie endlich das Gasthaus zum Raben. Das Gasthaus zum Raben? Warum sollte sie dort hineingehen? Dort wohnten keine Familien. Nur Fremde nahmen dort ein Zimmer.

Ich stand vor der Tür und versuchte, all meinen Mut zusammenzunehmen und hineinzugehen. Ich wollte herausfinden, was sie drinnen machte, als plötzlich die Tür aufflog und zwei Männer herauskamen. Sie sprachen aufgeregt miteinander. Ich erkannte den einen: Johann Eck, Doktor Luthers Feind!

Ich wollte mich gerade herumdrehen und weglaufen, als mir einfiel, dass Eck mich nicht kannte. Daher lehnte ich mich nur einfach gegen die Wand und verschränkte die Arme. Ich tat so, als ob ich auf jemanden wartete. Was ich jedoch hörte, war überraschend.

»Wenn Luther die Bannbulle des Papstes verbrannt hat, muss ich sofort nach Rom«, sagte Eck.

»Bruder Johann, Sie wissen genau, dass es nicht die Bulle des Papstes war«, lachte der andere Mann. »Wir haben doch selbst jedes Wort geschrieben. Der Papst hat nur unterschrieben.«

»Damit ist es eine päpstliche Bulle. Gehen Sie zum Stall und holen Sie Pferde. Ich bin sofort wieder da.« Eck drehte sich um und ging die Straße hinunter.

Ich wollte meinen Ohren nicht trauen. Dieses Mädchen, die Beobachterin, war bestimmt eine Spionin für Eck! Als ich sie zum ersten Mal gesehen hatte, hing die Bulle an der Kirchenpforte. Jetzt war sie geradewegs zum Gasthaus gegangen, und wenige Minuten später wusste Eck, was Doktor Luther getan hatte, und machte sich auf nach Rom!

Sofort rannte ich zurück zur Universität und berichtete meinem Herrn. Er hörte mir schweigend zu, schließlich sagte er: »Es gibt keine Möglichkeit, Eck von seinem teuflischen Vorhaben abzubringen. Das Ganze liegt in Gottes Hand. Was mich jedoch ärgert, sind diese herumtobenden Studenten. Was, hast du gesagt, haben sie getan?«

Ich musste ihm noch einmal erzählen, wie sie durch die Stadt gezogen waren, und sah, wie Luther sich ärgerte. Am nächsten Tag in der Vorlesung machte er ihnen ernsthafte Vorhaltungen: »Wisst ihr überhaupt, was ihr tut? Warum musstet ihr die Menschen in der Stadt belästigen? Dieser Kampf gegen die falschen Lehren ist kein Spaß und kein Spiel! Die Stimmung im Land ist sehr geladen, das ist gefährlich; es könnte den Tod für uns alle bedeuten.«

Ein Schauer kroch mir den Rücken hinauf. Ich hoffte, dass Doktor Luther Unrecht hatte.

Kein Platz für Feiglinge

Zweimal in den nächsten Wochen sah ich die ›Beobachterin‹ wieder, wie ich sie im Stillen nannte. Ich glaubte eigentlich, dass sie mit Eck nach Rom gegangen war. Hatte Eck sie als Spionin zurückgelassen? Auf der anderen Seite, wenn sie wirklich Doktor Luther ausspionieren sollte, warum sah ich sie dann nicht öfter?

Das erste Mal sah ich sie am Weihnachtstag. Doktor Luther predigte in der Schlosskirche, und da saß sie mitten in der Gemeinde. Ich wollte meinen Augen nicht trauen, aber sie war es – ohne Zweifel.

Seit diesem Zwischenfall machte ich es mir zur Aufgabe, nach ihr Ausschau zu halten. Oft ging ich zu unserem Fenster und beobachtete die Leute, die die Straße hinunterliefen. Doch ich erblickte nur die Studenten und Professoren oder Besucher der Universität. Ich sah jeden Morgen und jeden Abend und jeden Mittag aus dem Fenster, doch es war immer das gleiche Bild. Wenn sie unser Zimmer beobachtete, entdeckte ich sie jedenfalls nie.

Immer wenn ich mit Doktor Luther wegging, blickte ich gelegentlich zurück, um zu sehen, ob sie uns verfolgte. Das wurde des

Öfteren zum Problem, denn ich lief ständig gegen irgend etwas oder rannte meinen Herrn um, wenn er plötzlich stehen blieb oder sich umdrehte. Und bei einer solchen Gelegenheit sah ich sie wieder.

Wir gingen gerade zur Druckerei, um einige neue Exemplare von Luthers Büchlein ›Von der Freiheit eines Christenmenschen‹ zu holen. Zufällig drehte ich mich um und ging einige Schritte zurück. Wir kamen gerade am Gasthaus zum Raben vorbei, als die Tür aufflog und ich beinahe das Mädchen umgerannt hätte. Ich stolperte und fiel fast hin. Ich kam mir so dumm vor, dass ich keine Worte fand, doch Doktor Luther sprach für mich: »Bitte entschuldige.« Das

Mädchen drehte sich um und rannte so schnell es konnte davon.

»Das ist das Mädchen«, sagte ich meinem Herrn, sobald sie außer Hörweite war. »Das ist die Beobachterin.«

»Wer?«

»Das Mädchen, das für Johann Eck spioniert – von dem ich Ihnen erzählt habe an dem Tag, als Sie die Bulle verbrannten. Sie hat es Eck berichtet, kurz bevor er Rom verließ.«

»Bist du sicher, dass sie es ihm gesagt hat?«, fragte Luther.

»Na ja ... ich sah sie direkt in das Gasthaus zum Raben hineingehen, und da kam Eck heraus. Und haben Sie bemerkt, dass sie nicht wollte, dass wir auf sie aufmerksam wurden?«

»Vielleicht. Vielleicht war sie auch nur peinlich berührt, dass sie einen jungen Mann in ihrem Alter umgerannt hat.« Mein Herr lächelte. »Übrigens, wie kommt es, dass du nicht dort hinsiehst, wo du hinläufst – oder woanders gehst als du guckst? Du stolperst in der letzten Zeit über alles.«

Ich sah das Mädchen eine ganze Zeit lang nicht mehr, aber ich gab nicht auf. Eines Tages, als ich auf dem Weg zum Gasthaus zum Raben war, um zu sehen, ob sie nicht vielleicht noch dort war, kam ein prächtig gekleideter Mann auf einem großen weißen Pferd die Straße entlang geritten. Das konnte nur bedeuten, dass er im Auftrag des Kaisers kam.

Nachdem er an mir vorbeigeritten war, zog er die Zügel und wandte sich an die Menschen am Straßenrand, die stehen geblieben waren, um ihn anzustarren. »Ich bin Caspar Sturm, kaiserlicher Herold Seiner Majestät Karl des Fünften, Regent des Heiligen Römischen Reichs«, verkündete er hochmütig, als ob er das Volk überwachte. Er sah auf uns herab, nicht nur, weil er auf dem Pferd saß, sondern als ob es unter seiner Würde gewesen wäre, mit uns normalen Menschen zu reden. »Kann einer von euch mich zu einem gewissen Doktor Martin Luther führen?«

Ich wusste nicht, was ich sagen sollte. Der Kaiser hatte eine Botschaft für meinen Herrn, eine Botschaft, die so wichtig war, dass er seinen Herold schickte, um sie zu überbringen. Während ich mich noch fragte, ob es eine große Ehre war oder eher eine gefährliche Drohung, traten zwei oder drei Leute vor und versuchten, dem Herold zu erklären, wo die Universität war. Schließlich nahm ich mich zusammen und sagte: »Ich führe Sie hin, Ihre Majestät. Ich arbeite für Doktor Luther.«

Er drehte sich in seinem Sattel herum und sagte: »Ich bin nicht ›Seine Majestät‹, junger Mann. Aber wenn du mich zu Luther führen kannst, will ich deine Unwissenheit entschuldigen. Los! Ich habe einen langen Ritt hinter mir und will diese Sache endlich hinter mich bringen.«

Mein Herr unterrichtete noch an diesem Nachmittag – eine Vorlesung über das Übel der Ablassbriefe, die ich schon dreimal gehört hatte (deshalb habe ich auch den Unterricht verlassen). Der Herold wartete nicht, bis die Stunde zu Ende war, sondern marschierte einfach in den Saal. »Sind Sie Martin Luther?«, unterbrach er den Unterricht. Die Studenten starrten ihn an.

»Der bin ich.«

»Ich bin Caspar Sturm, kaiserlicher Herold seiner Majestät Karl des Fünften, Regent des Heiligen Römischen Reiches. Sie sollen vor dem Reichstag innerhalb von einundzwanzig Tagen erscheinen. Der Reichstag tagt bereits in Worms.«

»Und aus welchem Grund werde ich gebeten zu erscheinen?«, fragte Luther ruhig.

»Sie sind nicht gebeten zu erscheinen«, sagte der kaiserliche Herold und blickte Luther aus den Augenwinkeln an. »Es wird Ihnen befohlen zu erscheinen, weil Sie sich wegen der Anklage der Ketzerei verantworten müssen. Johann Friedrich, Kurfürst von Sachsen, hat für Sie Geleitschutz angeordnet, damit Sie sicher reisen können. Das bedeutet, dass ich die traurige Aufgabe habe, Sie nach Worms zu begleiten. Wir brechen morgen früh auf.«

»Ich kann morgen nicht aufbrechen«, widersprach Doktor Luther. »Ich muss noch viele Vorbereitungen treffen, bis ich losfahren kann. Außerdem habe ich doch einundzwanzig Tage Zeit, und man braucht nicht so lange, um nach Worms zu reisen. Was ist mit nächsten …« Luther fuhr sich über das glattrasierte Kinn. »Was ist mit nächsten Dienstag?« Dienstag war in vier Tagen.

»Sie mögen einundzwanzig Tage Zeit haben, um nach Worms zu kommen«, sagte der Reichsherold, «aber ich nicht. Sie kommen mit mir. Und wir brechen morgen früh auf.«

Mit diesen Worten drehte sich der Herold auf den Fersen um und verließ den Saal. Ich musste auf den Korridor springen, damit er mich nicht umrannte.

Die Studenten saßen schweigend da. Ich dachte, Doktor Luther würde sich jetzt beeilen, um fertig zu werden, statt dessen sagte er: »So, wo war ich? Ach ja ...« Und er fuhr mit seiner Vorlesung fort. Ich schloss die Tür und lief in Gedanken versunken nach Hause. Ich bemerkte kaum die tanzenden Schneeflocken, die mir wie Nadeln ins Gesicht stachen.

Je mehr ich darüber nachdachte, desto mehr sah es aus wie das Ende meiner Ausbildung. Mein Herr verließ Wittenberg. Und selbst wenn er nicht zum Tode verurteilt wurde (was jedoch sehr wahrscheinlich war), konnte die Verhandlung Monate dauern. Selbst im günstigsten Fall würde er möglicherweise für Jahre ins Gefängnis geworfen. Vielleicht – wenn ich ihm im Gefängnis kleine Dienste erwies, konnte er mich weiter unterrichten ...

Ich schüttelte den Kopf, um auf andere Gedanken zu kommen. Was dachte ich da bloß? Es war Doktor Luthers Leben, das auf dem Spiel stand, und ich machte mir Sorgen um meine Ausbildung. Wie konnte ich nur so egoistisch sein? Nein, es würde wohl das Beste sein, wenn ich in mein Dorf zurückkehrte und dort das Handwerk meines Vaters erlernte. Ich würde Schuster werden, das war mein Platz. Vielleicht, ja vielleicht konnte ich ja sogar einen oder zwei Tage mit Doktor Luther reisen. Höchstwahrscheinlich würde er auf seinem Weg nach Worms durch mein Heimatdorf Düben kommen.

Gerade als ich die kleine Treppe, die zu unseren Zimmern hinaufführte, emporstieg, blickte ich über die Schulter zurück – schon aus Gewohnheit, nehme ich an. Und da stand sie. Die Beobachterin kam um die

Ecke, um die ich einige Augenblicke zuvor gebogen war. Als ich innehielt, sprang sie zur Seite, so dass ich sie nicht mehr sehen konnte. Obwohl der Schnee in dichten Flocken fiel, war ich sicher, dass sie es war.

Als Luther nach Hause kam, waren seine ersten Worte: »Nun, Karl, hast du meine Sachen gepackt?«

»Nein. Aber ich fange gleich an.«

»Kein Grund zur Eile«, sagte Luther. »Ich habe noch einmal mit Sturm gesprochen und ihn überredet, noch ein paar Tage zu warten.«

Ich stieß einen Seufzer der Erleichterung aus. Es blieben noch einige Tage, bis wir uns verabschieden mussten. »Wie haben Sie das geschafft?«

»Ich habe ihm gesagt, dass wir kein Transportmittel haben. Wenn er nicht uns drei auf sein großes Pferd stapeln will, wird er warten müssen, bis wir etwas gefunden haben.«

»Wir drei?«, fragte ich.

»Ja. Bruder Nikolaus will mitkommen. Und seine Unterstützung ist mir ein wirklich großer Trost. Nicht dass deine Gesellschaft nicht auch angenehm wäre, Karl, aber Nikolaus, der ja schließlich auch ein Mönch wie ich ist, wird mir … ach, ich weiß nicht. Ich bin froh über euch beide.«

»Beide? Sie wollen, dass ich mitkomme?«

»Aber natürlich! Du willst mich doch wohl nicht verlassen, wenn ich dich am meisten brauche?«

Nächtliche Reiter

Fast eine Woche verging, bis alles organisiert war. Und es waren die guten Menschen aus Wittenberg, die schließlich unsere Reise möglich machten. Ein alter Wagen und drei Pferde wurden uns geschenkt; außerdem wurde Geld gesammelt, damit wir die Unterkunft unterwegs bezahlen konnten.

Früh am Dienstagmorgen, dem 2. April, rumpelte der Wagen aus dem Stadttor und fuhr zur Elbe, wo wir mit der Fähre übersetzten. Was für einen Anblick mussten wir geboten haben! Caspar Sturm saß in seinem kaiserlichen Kostüm auf seinem kräftigen Pferd, das ungeduldig mit den Hufen scharrte, als wir auf der Fähre waren.

Unser Wagen wurde von zwei Pferden am Ufer entlanggezogen, das dritte lief nebenher. Doktor Luther trug seinen Professorenmantel. Nikolaus von Amsdorf hatte seine braune Mönchskutte an. Ich fuhr den Wagen. Ein Händler in der Stadt hatte mir einen warmen, grünen Wollumhang geschenkt, ein besseres Kleidungsstück habe ich nie besessen.

Wir drei saßen oben auf dem Wagen dicht

zusammengedrängt, damit wir nicht bei jedem Stein oder jeder Wurzel herunterfielen.

Eine regelrechte Menschenmenge hatte sich versammelt, um uns zu verabschieden, und wer weiß, wie weit sie uns begleitet hätten, wenn der Fluss nicht gewesen wäre. Einige Studenten versuchten, eine kostenlose Überfahrt auszuhandeln: »Wir gehen doch gar nicht weit. Wir wollen nur Doktor Luther verabschieden. Wir fahren sofort wieder zurück, wenn Sie wieder übersetzen, warum sollen wir dann bezahlen?«

»Einmal überzusetzen und sofort wieder zurückzufahren macht es kein bisschen leichter, diese Fähre hinüberzuziehen«, knurrte der Fährmann. »Überhaupt ist die Ladung schon jetzt viel zu schwer. Ich würde euch nicht mitnehmen, selbst wenn ihr den doppelten Preis bezahlen würdet.«

Die Fähre wurde mit einem Seil über den Fluss gezogen, das von einer Seite zur anderen gespannt war. Das Seil wurde durch Ösen im Boden und an einem Ende durch eine hölzerne Stange geführt, die ungefähr einen Meter lang war. Wenn der Fährmann an dieser Stange zog, wurde das Seil angezogen und gab dem Fährfloß Schwung. Er zog das Floß damit so weit, wie er darauf vorwärtslaufen konnte. Dann ließ er die Stange los und schob sie weiter, um das Floß ein Stück weiterzuziehen.

Wir hatten gerade das Ufer verlassen, als der Fährmann sich zu mir umdrehte und sagte: »Du da, Junge. Komm von dem Wagen herunter und blockiere die Räder. Und sorg dafür, dass die Gäule ruhig bleiben. Ich will nicht, dass sie sich von einer Seite zur anderen bewegen. Sonst werden wir alle ins Wasser fallen.«

Er hatte Recht. Als wir halb drüben waren, begann das dritte Pferd mit dem Schwanz zu schlagen und aufzustampfen, um die Fliegen zu verscheuchen. Jedes Mal, wenn es seinen Huf aufsetzte, bewegte es sich ein Stück zur Seite. Plötzlich stand es neben dem Wagen, und die Seite des Floßes, die stromaufwärts zeigte, senkte sich ein wenig, so dass Wasser den Boden überspülte. In diesem Moment erfasste uns eine Strömung in dem Fluss und senkte diese Seite noch ein Stück ab, das Wasser kam also noch höher.

»Schnell, bring das Pferd wieder zur Mitte«, schrie der Fährman und zog mit aller Kraft an der Stange, um das Floß aus der Strömung zu bringen.

Ich ging durch das knöcheltiefe Wasser auf die Seite des Floßes und gab dem Pferd einen kräftigen Stoß. Das Tier muss begriffen haben, dass der Untergrund sehr wacklig war, denn es zögerte nicht, sofort zur Mitte zurückzukehren.

Langsam hob sich die tiefer liegende Seite des Floßes, das Wasser floss herunter, und wir trieben wieder ruhig über den Fluss, zumindest so ruhig wie möglich.

In dem Moment, als wir das Ufer auf der anderen Seite erreichten, gab Caspar Sturm seinem Pferd die Sporen. Doch dadurch, dass jetzt vorne plötzlich kein Gewicht mehr war, kippte die Fähre nach hinten und entfernte sich von dem Ufer. Der Fährmann hatte das Seil noch nicht festgebunden, die Strömung erfasste uns und wirbelte uns herum. Er stieß einen Schwall Flüche aus, wie ich es nie zuvor gehört hatte. »Los, geh dorthin, Junge, hilf mir mit dem Seil«, schrie er, als ob es mein Fehler gewesen wäre. Ich fühlte mich äußerst unwohl, bis ich seine bösen Blicke auf Caspar Sturm bemerkte. Der Fährmann sagte nichts zu Sturm – der Herold vertrat schließlich den Kaiser –, aber ich fühlte mich besser, als ich merkte, dass er nicht wirklich mir die Schuld in die Schuhe schieben wollte.

Als wir endlich den Wagen an das andere Ufer gebracht hatten, hielten wir einen Moment inne, um einen letzten Blick auf Wittenberg zu werfen. Es schien so weit weg ... als ob wir schon eine Woche gereist wären.

Später am Tag übernahm Bruder Nikolaus die Zügel, und ich kroch nach hinten auf unser Gepäck. Doktor Luther hatte seine Laute mitgenommen und sang und spielte von Zeit zu Zeit. Ich saß hinten und betrachtete die vorüberziehenden Wälder und die kleinen Bauernhöfe.

Caspar Sturm ritt vorneweg, er hatte uns ja Geleitschutz zugesagt. Es gab Räuber in den Wäldern, doch da sie ohnehin Gesetzlose waren, verstand ich nicht ganz, was der gute Mann tun konnte, wenn eine solche Bande angriff. Der Reichsherold trug ein kleines Schwert, kleiner als das eines Ritters. »Er beschützt uns nicht vor Räubern«, erklärte Luther. »Wir haben sowieso nichts von Wert, was man uns stehlen könnte. Er beschützt uns vor Menschen der katholischen Kirche, die mich umbringen wollen.«

»Sie meinen Johann Eck?«, fragte ich und zog meinen Umhang aus. Es fing an, warm zu werden.

»Nun, ich glaube nicht, dass er selbst losziehen

würde, um mich umzubringen. Aber es gibt noch andere, Leute, die er vielleicht angeheuert hat.«

»Aber warum wollen Ihre Feinde Sie angreifen, wenn es ihnen bereits gelungen ist, Sie vor Gericht zu stellen?« Völlig gedankenlos fügte ich hinzu: »Sie werden Sie wahrscheinlich sowieso kriegen.«

Luther lehnte sich zurück und lachte. »Du hast nicht viel Vertrauen, nicht wahr, Karl? Das ist schon richtig. Es könnte wirklich das Ende des Ganzen sein. Ich selbst habe auch schon daran gedacht. Aber zurück zu deiner Frage. Es gibt viele, die nicht wollen, dass ich in Worms aussage. Egal, was mit mir am Ende geschieht, diese Verhandlung könnte meine wichtigste Predigt sein, die ich je halten werde. Nie wieder werde ich ein solches Publikum haben wie dort.«

»Was meinen Sie damit?«, fragte ich und versuchte, mich bequemer hinzusetzen zwischen den Kisten und den Lebensmitteln.

»Es zeigt sich schon jetzt, dass dieser Reichstag die wichtigste Konferenz sein wird, die je in Europa gehalten worden ist. Karl der Fünfte versammelt mehr Herrscher des Heiligen Römischen Reiches als je zuvor. Die Kirche von Rom kämpft natürlich dafür, die Oberherrschaft zu behalten. Doch durch mein Büchlein ›An den christlichen Adel‹ sind die meisten Fürsten ins Nachdenken gekommen, ob sie wirklich eine solche Kontrolle durch die katholische Kirche wollen. Und die Menschen haben die Nase voll von der Geldgier der Priester und der grausamen Auslegung des Kirchenrechts.«

Der Wagen krachte laut, als Luther fortfuhr. »Den ganzen Winter lang sind die Straßen schon voll von

Reisenden, die nach Worms fahren. Du hast bestimmt schon welche gesehen, die durch Wittenberg gekommen sind. Ich hörte, dass Wilhelm, der Kurfürst von Bayern, fünfhundert Reiter mitgenommen hat; Philipp, der Fürst von Baden, sogar sechshundert. Alle Bischöfe werden dort sein, die Ritter, der niedere Adel, Vertreter der Städte und viele Gelehrte von den Universitäten. Außerdem sind bereits die Botschafter von England, Frankreich, Venedig, Polen und Ungarn angekommen.«

»Wie passen die denn alle in den Reichstag?«, fragte ich und bemerkte sofort, dass diese Frage äußerst dumm war.

»Nur ausgewählte Delegierte sind in den einzelnen Sitzungen, und nur in denen, zu denen sie eingeladen wurden. Viel wichtiger ist«, Luther deutete auf mich, «wo sie alle unterkommen in der kleinen Stadt Worms? Es kann passieren, dass wir unter einem Baum vor der Stadt schlafen müssen!«

»Aber warum kommen so viele Menschen, wenn sie gar nicht an den Sitzungen teilnehmen können?«

»Sie wollen dort sein, wo etwas los ist. Die Drucker werden an diesem Reichstag reich. Jeden Tag werden Flugblätter herausgegeben, die berichten, was vorgefallen ist. Die Menschen werden über alles informiert, was unsere Welt in Zukunft bestimmen wird – eben durch diese Flugblätter.«

Wir fuhren schweigend weiter. Dann sagte Luther: »Ob ich verurteilt oder freigesprochen werde, die ganze Welt soll die Wahrheit hören. Deswegen will ich auch dort sein. Doch das ist auch der Grund, warum einige meiner Feinde nicht wollen, dass ich auf dem Reichstag aussage.«

Ich blickte auf Caspar Sturm, der voranritt, um uns vor Luthers Feinden zu schützen. Er schlief im Sattel, sein Kopf hing ihm auf der Brust und wackelte hin und her bei den schaukelnden Schritten des Pferdes. Luther muss geahnt haben, was ich dachte – Sturm sah nicht gerade Furcht erregend aus. »Nein, Karl. Sein Schutz kommt nicht von seiner Fähigkeit zu kämpfen, sondern von seiner Position. Er ist ein Reichsherold, direkt dem Kaiser unterstellt. Wenn ihm oder irgendjemand anderem, der ihm anvertraut ist, etwas geschieht, würde die kaiserliche Armee eingeschaltet.«

Mittags hielten wir an einem kleinen Flüsschen an, um die Pferde zu tränken und um etwas Brot und Käse zu essen. Wir waren gar nicht weit von meinem Dorf entfernt. Ich kannte dieses Tal. Düben lag über den nächsten Berg.

Als wir wieder unterwegs waren, fragte ich, ob ich nicht das dritte Pferd nehmen könnte, um voranzureiten. Doktor Luther sagte, dass es ihm Recht sei. Als ich auf das Pferd sprang und wegreiten wollte, rief Caspar Sturm mir nach: »He, Junge, reserviere mir das beste Zimmer im besten Gasthaus in der Stadt.«

»Jawohl«, rief ich zurück. Mein Auftrag war leicht zu erfüllen. Es gibt nur ein Gasthaus in Düben, und das hat nur zwei Zimmer – die beide gleich eingerichtet sind, soweit ich weiß.

Mit der alten Stute wurde es der härteste Ritt, den ich je unternommen hatte. Den Berg hinunter nach Düben zu reiten, war wie eine Rutschpartie über die Steine eines Gebirgsbachs.

Seit dem letzten Sommer war ich nicht mehr zu Hause gewesen, und Mutter war außer sich vor Freude, als ich sie und Vater überraschte, als sie gerade ins Haus gehen wollten. Sie umarmte und küsste mich immer wieder, als ob ich noch ein kleiner Junge wäre. Ich weiß nicht, aber manchmal sind Mütter so, dass man sich nur sicher fühlt, wenn man sie von weitem sieht, mit einem tiefen Fluss in der Mitte.

Doch sobald Mutter erfahren hatte, dass Doktor Luther, Bruder Nikolaus und ein Reichsherold mir folgten, legte sich ihr Gefühlsausbruch. Sie begann sofort, herumzuwuseln, um ein schönes Essen für uns zu bereiten. Ich versuchte ihr zu erklären, dass Caspar Sturm in das Gasthaus gehen würde, aber sie sagte: »Dort kann er nicht essen. Das Essen schmeckt fürchterlich. Außerdem ist es wahrscheinlich Jahre her, seit er das letzte selbst gekochte Essen bekommen hat.« Dann wies Mutter jedem von uns seine Aufgaben zu: Ich sollte das Zimmer für Sturm reservieren. Vater wurde losgeschickt, um ein paar Hühner zu schlachten und sie zu rupfen. (Normalerweise schickt meine Mutter meinen Vater nicht herum, aber dies war eine besondere Situation, und er ging ohne Murren.) Meine Schwester, sie ist ein Jahr älter als ich und lebt immer noch zu Hause, machte ein Zimmer für Bruder Nikolaus und Doktor Luther zurecht. Ich gab zu bedenken, dass sie wahrscheinlich lieber mit unserem Pfarrer zusammen waren, aber Mutter wollte davon nichts hören.

An dem Abend nach dem Essen – das Caspar Sturm

zu meiner Überraschung sehr genoss – begann mein Vater, sich nach dem Zweck unserer Reise zu erkundigen. Je mehr Luther sagte, desto stiller wurde er. Ich merkte, dass er eigentlich dagegen war, daher verteidigte ich das, was Doktor Luther tat. Ich redete wie ein Rechtsanwalt, als Vater mich unterbrach.
»Karl, ich unterstütze voll und ganz die Ansichten von Doktor Luther. Und«, fuhr er fort, indem er sich an Luther wandte, «ich habe bereits jedes Ihrer Bücher gelesen, das ich auftreiben konnte. Ich sorge mich nur um Karl. Diese Reise kann sehr gefährlich werden, nicht wahr?«
»Ich glaube nicht, dass sie für Karl gefährlich wird«, sagte Bruder Nikolaus. »Schließlich ist er nicht für Martin Luthers Gedanken und Schriften verantwortlich. Auf dieser Reise ist er nicht mehr als ein Stallknecht.«
»Das stimmt nicht ganz«, sagte Luther und hob die Hand, als ob er Bruder Nikolaus zum Schweigen bringen wollte. »Es kann Gefahren geben. Das gebe ich zu. In der päpstlichen Bulle ist von schweren Folgen für jeden die Rede, der mich unterstützt. Wenn der Kaiser und der Reichstag sich gegen mich aussprechen, kann das Urteil alle treffen, die mir helfen.«
»Auch Karl?«, wollte meine Mutter wissen. »Er ist doch nur ein Junge.«
»Wenn das Wort Ketzer erst einmal ausgesprochen ist, kann es jeden treffen«, sagte Luther.
»Dann will ich nicht, dass Karl weiter mitgeht«, sagte Mutter. »Zwei erwachsene Männer sollten fähig sein, für ihre Pferde selbst zu sorgen und einen Wagen zu fahren. Sie brauchen keinen Jungen.«

»Sie haben natürlich Recht«, meinte Luther. »Und wir werden ihn auch nicht gegen Ihren Willen mitnehmen.«

»Aber Mutter! Ich will mitgehen!«, protestierte ich. »Niemand zwingt mich dazu. Ich will weiterlernen. Und gerade heute hat Doktor Luther mir erklärt, wie wichtig dieser Reichstag ist. Ich werde viele der wichtigsten Leute auf der ganzen Welt sehen.«

»Außerdem«, fuhr ich fort und enthüllte meinen kleinen Plan, «auch wenn Doktor Luther ins Gefängnis geworfen wird, kann ich ihm noch dienen – er wird jemanden brauchen, der Botengänge für ihn erledigt und ihm etwas zu essen bringt – und dafür könnte er mich unterrichten. Ich würde sogar noch mehr lernen.«

Als ich schließlich den Mund hielt, spürte ich, wie ich rot wurde. Soweit war ich also schon, dass ich es jeden merken ließ, dass es mir mehr um mein Wohlergehen ging als um das Doktor Luthers. Doch in diesem Augenblick schien das niemand zu bemerken.

»Aber der gute Doktor könnte auch zum Tode verurteilt werden«, sagte mein Vater gedankenvoll. »Trotzdem ... ich glaube, es ist Karls Entscheidung, ob er mit Doktor Luther mitgeht.«

»Selbstverständlich«, versicherte Luther. »Ich würde seine Begleitung sehr begrüßen. Ich glaube, wir können ihn gut gebrauchen. Und ich würde mein Bestes tun, um für seine Sicherheit zu sorgen. Aber die Wahrheit ist, dass ich in dieser Situation für nichts garantieren kann.«

»Nun«, schloss mein Vater, «schlaf darüber, Karl. Aber vergiss nicht die Einwände und Sorgen deiner Mutter.«

Meine Entscheidung war klar; ich brauchte nicht zweimal darüber nachzudenken. Am nächsten Morgen würde ich wieder mit den anderen auf dem knarrenden alten Wagen sitzen.

Doktor Luther und Bruder Nikolaus sollten in der Wohnstube neben dem Ofen schlafen, daher gab es keinen Platz mehr für mich im Haus. Ich beschloss, in unserer Scheune im Heu zu schlafen. Der Heuschober war mein Lieblingsplatz gewesen, als ich noch ein kleiner Junge war. Doch als ich hinausging, um meinen grünen Umhang vom Wagen zu holen – er würde mich wärmen in dieser kalten Aprilnacht –, sah ich jemanden die Straße hinuntergaloppieren.

Wer es auch gewesen war, er hatte bei unserem Wagen gestanden! Ich rannte hinaus, um nachzusehen, ob etwas fehlte. Ich starrte in die helle Mondnacht hinein, um herauszufinden, wer der Reiter auf dem Pferd gewesen war. Ich glaube, ich sah, wie langes, schwarzes Haar vom Kopf des Reiters wehte.

Der Triumphzug

War es das Mädchen gewesen? Ich rannte die Straße hinunter, so schnell ich konnte. Ich hatte gehört, dass man, wenn man schnell rennt, sogar schneller als ein Pferd sein kann. Doch ich glaube, das geht nur, wenn Läufer und Pferd gleichzeitig loslaufen und die Entfernung nur sehr kurz ist.

Unser Dorf ist recht klein, und bald stand ich am Ende des Ortes. Ich konnte nur noch das dumpfe Geklapper der Hufe hören, das in der Ferne verschwand. Es war die Straße nach Leipzig, die wir am nächsten Morgen auch nehmen würden.

Ich kehrte um und ging langsam zurück nach Hause. War es die Beobachterin gewesen? Wie war das möglich? Warum würde ein Mädchen allein reiten, sogar allein durch die Nacht reiten? Es ergab keinen Sinn. Wenn es das Mädchen war, gab es doch keinen triftigen Grund, warum sie uns folgen sollte. Eck, der wahrscheinlich schon in Worms war, hatte sicherlich schon auf andere Weise erfahren, dass wir kamen. Viele Leute reisten schneller als wir mit unserem

langsamen Wagen. Sie konnten ihm doch sagen, dass wir unterwegs waren.

Und wenn, wie Luther angedeutet hatte, Eck organisiert hatte, dass eine Räuberbande uns auf dem Weg angriff und verhinderte, dass Luther in

Worms ankam, was hatte dann das Mädchen damit zu tun? Sie konnte doch kein Schwert in einem Kampf schwingen.

Dann kam mir ein Gedanke. Eck brauchte einen besonderen Botschafter. Deswegen ritt sie voraus. Eck konnte nicht auf Reisende warten, die ihm zufällig Neuigkeiten über uns brachten. Er musste es früher wissen, damit er eine Falle aufbauen konnte.

Ich lief wieder los, um schnell nach Hause zu kommen. Ich wollte Luther warnen. Doch dann hielt ich inne. Wer würde mir glauben? Ich hatte den Reiter nicht erkannt. Ich wusste nicht sicher, dass es das Mädchen war. Und selbst wenn sie meine Geschichte glaubten, würden meine Eltern sie als Beweis dafür nehmen, dass die Gefahr für mich zu groß war, und sie würden mir verbieten, mitzugehen. Nein. Ich würde warten. Morgen, wenn wir erst einmal unterwegs waren, würde ich sicher viel Zeit haben, Luther davon zu erzählen.

Am nächsten Morgen verabschiedete ich mich von meiner Familie und versuchte, Mutter zu beruhigen, dass alles glatt gehen würde. Sie umarmte mich so lange, dass ich glaubte, sie würde mich nie wieder gehen lassen. Doch dann ließ sie mich los und wischte eine Träne aus dem Augenwinkel. »Mach es gut, Karl. Ich werde für dich beten.« Dann brachen wir auf.

Doch jetzt, bei Tag, schien mir meine Geschichte über den nächtlichen Reiter noch unglaubwürdiger als am Abend zuvor. »Als ich gestern Abend meinen Umhang vom Wagen holte«, sagte ich, als der Wagen aus dem Dorf rollte, «habe ich einen Reiter gesehen.« Ich machte eine Pause, aber keiner sagte ein Wort. »Der Reiter stand direkt neben unserem Wagen ... und blickte hinein.« Noch immer interessierte sich keiner dafür.

»Ich glaube, es war ein Spion«, meinte ich.

Bruder Nikolaus, der wieder die Zügel führte, drehte sich um und sah mich spöttisch an. Doch dann schüttelte er den Kopf und wandte sich wieder der Straße zu, oder vielmehr dem Hinterteil von Caspar Sturms Pferd.

»Als ich herauskam, flüchtete der Reiter und verließ den Ort.«

Schließlich antwortete Doktor Luther. »Ich weiß zwar, dass euer Dorf recht klein ist, aber es ist nicht so klein, dass man von einem Ende zum anderen sehen könnte. Woher willst du wissen, dass der Reiter aus dem Dorf galoppiert ist?« Luther fragte mich wie ein Professor, der seinen Studenten beibringen will, logisch zu denken. »Vielleicht wohnt derjenige am anderen Ende und ist nur nach Hause geritten.« Er glaubte, mich drangekriegt zu haben.

»Ich weiß, dass sie den Ort verlassen hat, weil ich ihr gefolgt bin.«

»Sie?«, fragte Bruder Nikolaus herausfordernd. »Warum sollte eine Frau mitten in der Nacht durch die Straßen reiten? Du hast geträumt!«

»Ich habe nicht geträumt«, verteidigte ich mich. »Es war die Beobachterin. Und ich glaube, ich weiß auch, was sie getan hat ...« Ich hielt inne. Doktor Luthers Augen wurden schmal, als ob er meine Geschichte nur lächerlich fand. Auch ich fand jetzt, dass mein

Verdacht an den Haaren herbeigezogen schien. Unheimliche Dinge sehen bei Tageslicht viel harmloser aus. Statt ihnen also von meiner Annahme zu erzählen, die ich mir in der Nacht zuvor ausgedacht hatte, sagte ich nur: »Ich glaube zumindest, dass sie es war. Es sah so aus.«

Niemand stellte noch Fragen, also sagte ich auch nichts mehr. Doch ich beschloss, während der weiteren Reise wachsam zu sein, und wenn ich sie wiedersah oder irgendetwas Verdächtiges bemerkte, würde ich ihnen von meiner Vermutung erzählen.

An diesem Nachmittag kamen wir in Leipzig an. An der Universität Leipzig hatten Doktor Martin Luther und Johann Eck ihre erste öffentliche Debatte. Die Universität und die Stadt standen hinter Eck, wir waren also sehr vorsichtig und hofften, die Stadt unbemerkt betreten zu können – soweit das überhaupt mit einem Reichsherold an der Spitze möglich ist.

Aber wir hatten kein Glück. Es schien, als wüsste jeder in der Stadt, dass wir kamen, und war auf die Straße gelaufen, um uns zu treffen. Die meisten waren sehr freundlich. Und der Stadtrat hieß Doktor Luther feierlich willkommen, indem man ihm den traditionellen Weinbecher reichte, als wir in die Stadt hineinkamen. Ich glaube, Caspar Sturm war ein bisschen neidisch. Normalerweise ist er es, der geehrt wird, wenn er in eine Stadt kommt.

Wir verbrachten die Nacht in Zimmern, die die Universität zur Verfügung gestellt hatte. Doch als ich versuchte einzuschlafen, kam mir ein Gedanke: Woher wussten alle, dass wir kamen ... und vor allem, wann wir ankommen würden?

Es waren andere Reisende unterwegs gewesen, und ein oder zwei hatten uns auch überholt. Aber ich konnte mich nicht erinnern, dass sie uns erkannt hatten. Woher wusste man also in Leipzig – Ecks ehemaligem Revier –, wann wir ankommen würden? Das war mir verdächtig. Vielleicht hatte das Mädchen uns angekündigt. Und warum hieß man uns in Luthers ›Feindesstadt‹ so herzlich willkommen? Da stimmte doch etwas nicht.

Am nächsten Tag jedoch fand ich immer noch keine Gelegenheit, von meinen Vermutungen zu erzählen.

Leipzig lag weiter im Süden, als ich jemals gekommen war. Die Landschaft war völlig neu für mich. Sie gefiel mir – Hügel, dichte Wälder und gemütlich aussehende Bauernhöfe und Dörfer am Ende der Täler. Von Leipzig führte unser Weg in den Südwesten nach Naumburg, einem malerischen Städtchen mit einem großen Dom im Saaletal. Dann mussten wir über die Hügel nach Weimar, weiter Richtung Westen nach Erfurt, wo wir am Abend des 6. April ankamen.

»In Erfurt könnte es gefährlich werden«, warnte uns Luther, als wir mittags Pause machten. »Ich bin dort an der Universität gewesen. Nach dem, was ich gehört habe, sind sich die Universitätsprofessoren völlig einig mit der katholischen Kirche und dem Papst, so dass sie mich wahrscheinlich nicht leiden können. Sie meinen vielleicht, dass ich sie in Verruf gebracht und dem Ruf der Universität geschadet habe. Wenn es Probleme geben sollte«, sagte er und wandte sich Caspar Sturm zu, «reiten wir durch. Wir können die Nacht auch in den Wäldern verbringen, wenn es sein muss.«

»Niemand wird es wagen, Sie zu bedrohen, Sie stehen schließlich unter dem Schutz des Reichsherolds«, sagte Sturm hochmütig.

»Niemand, den Sie verhaften könnten, das ist richtig«, stimmte Luther zu. »Aber Menschenmengen haben einen eigenen Charakter. Sie können leicht zu einer wütenden Masse werden. Ich habe meinem Freund Lang in Eisenach geschrieben. Wenn es Schwierigkeiten geben sollte, ist er bereit, sich um uns zu kümmern und sicher auf den Weg zu bringen.«

Sturm brachte seinen Unmut über solche Abmachungen zum Ausdruck, indem er den Hühnerknochen, den er gerade abgenagt hatte, hinter sich in den Busch warf und aufstand. »Wenn wir möglicherweise heute noch bis hinter Erfurt reisen müssen, sollten wir aufbrechen, sonst müssen wir im Dunkeln weiterfahren.«

Doch lange bevor unsere kleine Gruppe die Tore von Erfurt erreichte, wurden wir von einer Menge Studenten begrüßt, die Luther ihre Unterstützung zusicherten. Sie begleiteten uns in die Stadt und durch die kleinen Gassen zur Universität. Luther wurde nicht wie einer begrüßt, der die Universität in Verruf gebracht hat, sondern wie ein Held.

Am nächsten Morgen, einem Sonntag, predigte Luther in der Universitätskapelle. Es wollten ihn so viele Menschen hören, dass die Eingangstreppen krachten, weil sie das Gewicht der wartenden Menschen kaum aushielten.

Am Nachmittag reisten wir weiter nach Gotha, das nur wenige Meilen entfernt war. Dort predigte

Luther wieder. Es war Palmsonntag, und die Menschen konnten sich kaum halten vor Begeisterung für Luther. Es war zu erkennen, dass die Art der Menschen und das, was Doktor Luther gesagt hatte, einen Eindruck bei Caspar Sturm hinterließ. Der Reichsherold stand immer hinten mit verschränkten Armen. Zuerst wirkte er teilnahmslos, wenn Luther vom Evangelium und von den Problemen der Kirche anfing, doch immer wieder sah ich nun, wie Sturm zustimmend nickte und lächelte.

Auch mich beeindruckten all diese Menschen, die Luther willkommen hießen, und meine Vermutungen, dass alles eine Falle wäre, dass Eck uns auflauerte und dass das Mädchen Schlimmes im Schilde führte, lösten sich in nichts auf, wie ein böser Traum, den man am nächsten Tag vergisst. »Ist das nicht toll, wie die Menschen Sie unterstützen?«, sagte ich aufgeregt zu

Doktor Luther an diesem Abend, als wir in unserem Quartier waren.

»Ich bin mir nicht sicher«, meinte er. »Die Begeisterung eines Palmsonntags kann innerhalb kürzester Zeit zu einer Kreuzigung führen, wenn du daran denkst, was mit Jesus passiert ist.«

Luther stand am Fenster und verschränkte die Hände auf dem Rücken.

Er blickte hinaus auf die Straßen von Gotha. »Das ist vielleicht noch gefährlicher als die Aussicht, unterwegs Räuberbanden zu treffen oder auf Ecks rechtliche Tricks, die er wahrscheinlich vor dem Reichstag ausprobiert.«

Doch die Tage vergingen, und Luther scheute sich nicht vor den Menschenmassen, die in jeder Stadt größer zu werden schienen. Und wenn an den Abenden die Leute ihn baten, zu predigen, ging er in die Kirche und hielt Predigten von einer Stunde oder länger. Doch das Ganze erschöpfte ihn sehr, und bevor wir Eisenach erreichten, bekam er Fieber. Immer noch kamen die Menschen in den Städten und Dörfern zu uns, doch Luther konnte nicht mehr in ihren Kirchen predigen.

Im Laufe der Tage erholte sich mein Herr einigermaßen, bis wir nach Frankfurt kamen. Am nächsten Tag überquerten wir den Rhein und reisten durch das breite Rheintal bis nach Oppenheim. Von dort konnten wir in der Ferne schon die hohen Türme des Wormser Doms sehen. Die Reise war fast vorüber.

»Lasst uns morgen früh aufbrechen«, sagte Luther an dem Abend, als wir in einem Gasthaus um den Tisch saßen.

»Das passt mir gut«, sagte Sturm. »Es ist bereits einige Wochen her, seit ich meine Familie das letzte Mal gesehen habe.«

»Ich wusste gar nicht, dass Sie eine Familie haben«, meinte Bruder Nikolaus.

»Sie haben mich nie danach gefragt«, antwortete Sturm. Das stimmte. Wir wussten sehr wenig über den Reichsherold, wahrscheinlich weil wir uns nicht darum gekümmert hatten. Während der ganzen Reise stand Luther im Mittelpunkt, seine Gedanken, die Gefahren, die auf ihn lauerten, und die Reaktion der Menschen auf ihn.

»Es tut mir Leid«, sagte Luther. »Ich hätte mich mehr angestrengt, Wittenberg eher zu verlassen, wenn ich das gewusst hätte. Wie viele Kinder haben Sie?«

»Drei Mädchen und zwei Jungen, und ich freue mich auf sie, wie ich mich auch auf meine Frau freue.«

Das Bild des Reichsherolds, der durch Wittenberg ritt und auf die Menge herabsah, kam mir wieder in den Sinn. Ich konnte mir kaum vorstellen, dass kleine Kinder ihm entgegenrannten – auch wenn es seine eigenen waren.

Als wir gerade mit dem Essen fertig waren, setzte sich ein ehemaliger Mönch zu uns, der sich als Martin Bucer vorstellte. »Ich überbringe eine Botschaft von dem großen Ritter Franz von Sickingen«, sagte er. »Er bewundert, wie Sie gegen Rom vorgehen. Und er ist bereit, Sie zu unterstützen, wenn Sie bei ihm Zuflucht suchen sollten.«

Ich verstand sofort: Wenn Luther sich darauf einließ, nachdem er vor Gericht geladen war, konnte man ihm das als Verrat auslegen. Es waren Gerüchte von Bauernkriegen im Umlauf, an denen auch mächtige Kriegsherren wie Sickingen beteiligt waren. Doch das Reich wurde auch durch kirchliche Verbindungen zusammengehalten. Wenn Luther sich auf Sickingens Seite stellte, würde sich ihre Macht verdoppeln.

Luther blickte hinüber zu Caspar Sturm. Sturm sagte: »Entschuldigen Sie mich, meine Herren, doch ich werde mich zur Ruhe begeben. Wir brechen morgen frühzeitig auf.« Damit verließ er den Tisch. Er blieb nicht, um Luthers Antwort nicht mitzubekommen.

»Das ist der Reichsherold«, sagte Luther zu Martin Bucer. »Wir hätten alle wegen Verrats verhaftet werden können.«

Bucers Gesicht wurde fahl. »Ich hatte keine Ahnung. Ich hätte nie vermutet, dass ein Reichsherold mit euch isst. Normalerweise …«

»Ja, ich weiß«, sagte Luther. »Normalerweise gibt sich ein solcher Mann nicht mit einem Angeklagten ab. Aber wir sind fast … fast Freunde geworden.«

Plötzlich sah ich Caspar Sturm in einem völlig anderen Licht. Er mochte zwar Reichsherold sein, aber er war als Mensch tief beeindruckt von der Person und den Gedanken Doktor Martin Luthers. Er hatte den Tisch verlassen, um Luther zu schützen und um ihm die Gelegenheit zu geben, das Angebot Sickingens anzunehmen.

»Danke Sickingen von mir«, sagte Luther. »Vielleicht werde ich seine Gastfreundschaft eines Tages brauchen. Doch nun muss ich nach Worms.«

Am nächsten Morgen beluden wir den Wagen, bevor die Sonne über den Hügeln am östlichen Rheinufer aufgegangen war. Trotzdem waren ein Dutzend Menschen aus der Stadt da, um uns hinauszugeleiten. Sie versprachen Doktor Luther, dass sie für ihn beten würden.

Einige Meilen vor Worms hielt ich den Wagen oben auf einem Hügel an. Wir konnten von dort das ganze Tal überblicken; in der Ferne sahen wir eine Staubwolke durch die Bäume aufwirbeln. Caspar Sturm richtete sich im Sattel auf und rief zurück: »Wenn es Probleme geben sollte, lassen Sie mich vor.«

Als wir den Hügel hinabgefahren waren und unseren Weg durch den Wald fortsetzten, entdeckten wir die Ursache der Staubwolke. Es war eine Gruppe von Reitern. Luther erkannte einige aus dem Hofstaat Kurfürst Friedrichs. Als die Menschen bemerkten, wer wir waren, liefen sie jubelnd und klatschend auf uns zu.

Ich schnalzte mit der Zunge, um die nervösen Pferde zu beruhigen, da entdeckte ich, dass die Gruppe aus einigen Adligen, Universitätsprofessoren und mindestens hundert Reitern – einige schwer bewaffnet – bestand. Sie waren ausgeritten, um uns willkommen zu heißen.

»Ich mag das nicht«, sagte Luther, als wir uns den Stadttoren näherten.

»Warum nicht?«, fragte ich. Ich fand das Ganze toll.

»Es erinnert zu sehr an den Einzug Christi in Jerusalem. Das kann nicht gut enden.«

Immer mehr Menschen kamen dazu, als wir durch die Straßen der Stadt ritten. Gegen zehn Uhr kamen wir zu dem Haus der Johanniter; dort erklärte man uns, dass Kurfürst Friedrich auf seine Kosten für uns Zimmer reserviert hatte.

Wir waren sicher an unserem Ziel angekommen. Ich glaube nicht, dass wir noch viel weiter gekommen wären, so voll waren die Straßen.

Doktor Luther stand auf dem Wagen und winkte den Menschen zu. Dann stieg er herunter und ging mit Bruder Nikolaus ins Haus. Ich trug unsere Sachen hinein.

Schließlich, als ich das letzte Mal das Gepäck holte, gingen auch die Menschen wieder ihrer Wege. Doch auf der anderen Straßenseite sah ich zusammen mit anderen Männern Johann Eck stehen. Ich starrte einige Minuten lang hinüber, dann nahm ich den letzten Sack und ging hinein.

Es war ernüchternd, daran erinnert zu werden, dass nicht nur Freunde uns in Worms erwarteten.

Geknebelt und gefesselt

Am nächsten Nachmittag klopfte ein Marschall an unsere Tür und verlangte Doktor Luther, der zu dem Bischofspalast gehen sollte, wo Kaiser Karl während dieser Tage residierte. Wir gingen sofort mit dem Marschall mit. Es überraschte mich, dass Caspar Sturm uns begleitete, genauso wie einige andere von Luthers Anhängern.

Eine Menschenmenge hatte sich auf der Straße vor unserer Unterkunft versammelt. Weitere Menschen saßen auf den Dächern der angrenzenden Gebäude und blickten auf uns herunter. Wir versuchten, uns unseren Weg durch die Leute zu bahnen, aber es war unmöglich. Daher gingen wir wieder zurück, verließen das Haus durch den Hintereingang und benutzten die Seitenstraßen und Gassen.

Im Bischofspalast wurden wir in eine kleine Halle gebracht, die voller Neugieriger war. Der Kaiser saß an einem Ende; er war umgeben von den kaiserlichen Ratgebern. Ich starrte mit offenem Mund auf all die Adligen und vergaß beinahe, warum wir eigentlich dort waren. Ich, ja ich stand in demselben Raum wie der Kaiser! Wenn meine Mutter mich hätte sehen können.

Plötzlich verstummten die Menschen. Johann Eck stand auf und sagte: »Hochverehrter Doktor Luther, wir sind so dankbar, dass Sie hier bei uns sein können. Wir hoffen, Sie hatten eine angenehme Reise.« Ich war von vorneherein misstrauisch. Seine Worte waren nicht ehrlich. Dann fuhr er fort, und wir hörten seine wahren Ansichten. »Sie sind hier, um sich wegen der Anklage der Ketzerei zu verantworten. Wir wollen nicht, dass diese Anhörung zu einer Debatte ausufert. Aus diesem Grund sind Sie gehalten, nur die Fragen zu beantworten, die Ihnen gestellt werden, und keine anderen Aussagen zu machen. Haben Sie mich verstanden?«

Bruder Nikolaus und ich und einige andere, die sich öffentlich auf Luthers Seite stellten, bildeten einen Kreis um Doktor Luther. Er schien völlig entspannt, lächelte und blickte auf die Menschenmenge, die sich sowohl aus seinen Freunden als auch aus seinen Feinden zusammensetzte. Er trug die Kleidung eines Augustinermönches, eine dunkle, grob gewebte Kutte mit einem Ledergürtel. Und wie ein Mönch hatte er sich gerade zuvor den Kopf frisch rasiert, wobei er einen Haarkranz über den Ohren und im Nacken stehen ließ. Doktor Luther war noch keine vierzig Jahre alt, doch er war ziemlich untersetzt für jemanden, der die meiste Zeit in Klassenzimmern verbrachte.

Der große, schlanke Johann Eck war das krasse Gegenteil zu dem kleinen Martin Luther, wie er so hinter einem Tisch stand und auf Luthers Antwort wartete. Schließlich sagte mein Herr: »Ich werde antworten, wie Gott es mir sagt.«

Das gefiel Eck gar nicht. Er blickte zum Kaiser hinüber, doch dieser reagierte in keiner Weise. Schließlich fuhr Eck fort und deutete auf einen Stapel Bücher, die auf dem Tisch vor ihm lagen. »Martin Luther, Seine Kaiserliche Hoheit hat Sie aus zwei Gründen zu sich rufen lassen. Erstens, geben Sie zu, diese Bücher geschrieben zu haben, und zweitens, wenn Sie sie geschrieben haben, sind Sie bereit, ihren Inhalt zu widerrufen? Was haben Sie zu sagen?«

Dann las ein Sekretär die Titel der Bücher vor.

Luther sagte: »Ja, ich habe diese Bücher geschrieben, wenn es wirklich die erwähnten Titel sind. Ob ich ihren Inhalt widerrufe – die Antwort auf diese Frage würde zu Diskussionen führen, die Sie hier nicht haben wollten.«

»Warum muss es eine Diskussion geben?«, meinte Eck herausfordernd.

»Erstens, niemand in diesem Raum kann etwas gegen den größten Teil in diesen Schriften sagen, denn er stammt aus der Bibel. Das zu verleugnen, wäre an sich schon Ketzerei. Was die anderen Inhalte anbetrifft, gegen die Sie und die Kirche von Rom wohl sind, kann ich nichts widerrufen, es sei denn, jemand zeigt mir, dass sie nicht mit der Bibel in Einklang stehen. Schließlich war es Jesus selbst, der gesagt hat: ›Wer mich verleugnet vor den Menschen, den will ich verleugnen vor meinem himmlischen Vater.‹ Ich hätte zumindest gern Zeit, all das zu bedenken.«

Das war eine schöne Eröffnungsrede, dachte ich. Doch obwohl Luther fest gesprochen hatte, schien er sehr nervös zu sein. Natürlich hatten wir allen Grund zur Nervosität; wir standen da vor dem Kaiser und anderen Adligen. Zum ersten Mal wünschte ich, ich hätte auf meine Mutter gehört und wäre in Düben geblieben, denn Eck ging genauso scharf wieder zum Angriff über.

»Und Sie meinen, Sie brauchen Zeit? Hatten Sie nicht genug Zeit, seit Sie den Befehl erhalten haben, nach Worms zu kommen? Vielleicht hätten Sie, statt die Bulle zu verbrennen und in jedem Dorf zu predigen, besser Ihre Antworten vorbereitet, die Sie Seiner Majestät dem Kaiser zu geben gedachten. Haben Sie überhaupt keine Achtung vor diesem Gericht und der kostbaren Zeit des Kaisers?«

»Selbstverständlich achte ich den Kaiser und dieses Gericht. Es ist nur so, dass es sich um schwerwiegende Fragen handelt, und ich möchte nicht dem Wort Gottes oder meiner Seele schaden, indem ich etwas verleugne, das die Wahrheit ist.«

Nach diesen Worten wurde alles nur noch schlimmer. Andere standen auf und verlangten, dass man Luther keine Zeit mehr lassen sollte, um irgendetwas vorzubereiten. Es wurde immer später, und man zündete die Lichter an. Kurz darauf brachte man Essen und Trinken für den Kaiser und die Adligen hinter dem Richtertisch, doch es gab nichts für Doktor Luther und uns andere. Ich begann, mir Sorgen zu machen. Doktor Luther war nach der Krankheit noch geschwächt, und er brauchte etwas zu essen. Ich für meinen Teil jedenfalls war hungrig.

Schließlich hielt ich es nicht mehr aus und schlüpfte aus dem Raum. Ich wollte etwas zu essen und trinken holen. In dem offenen Portal war es dunkel, und ich dachte darüber nach, wo ich hingehen könnte, um einige Lebensmittel zu kaufen. Plötzlich trat jemand neben mich. Da meine Augen sich bereits an die Dunkelheit gewöhnt hatten, erkannte ich die Beobachterin.

Ich sprang zur Seite, als ob sie ein Gespenst gewesen wäre. Sie streckte den Arm aus und hielt mich am Ärmel fest. »Komm mit«, sagte sie. Das Tuch, das sie vor Mund und Nase gehalten hatte, fiel herunter. Ihre blauen Augen blitzten mich an. »Wir müssen miteinander sprechen!«

Das Mädchen war so geheimnisvoll, dass ich ihr beinahe gefolgt wäre, aber mein Verstand gebot mir rechtzeitig Einhalt. »Wer bist du überhaupt? Und warum verfolgst du uns?«, fragte ich sie. Sie sah sich um, als ob sie hoffte, dass niemand sie hörte, doch ich sprach genauso laut weiter: »Ich weiß, warum du uns verfolgst. Es ist wegen Doktor Luther, nicht wahr?«

»Ja«, flüsterte sie. »Jetzt komm mit.«

»Niemals in meinem Leben. Ich werde ihn nicht verraten.«

In diesem Augenblick kam eine Gruppe von Menschen aus dem Saal auf uns zu. Das Mädchen zog schnell wieder das Tuch vors Gesicht, drehte sich um und rannte davon.

Das wäre beinahe schief gegangen. Aber jetzt hatte ich den Beweis. Sie war uns wirklich auf dem ganzen Weg nach Worms gefolgt, und es war wegen Doktor Luther. Sie hatte es selbst gesagt. Wenn ich es diesmal den anderen sagte, würden sie mir glauben müssen. Ich wollte zurück in den Gerichtssaal gehen, doch mir fiel ein, dass ich während der Anhörung doch niemandem etwas erzählen konnte. Ich würde mit meinem Bericht warten müssen, bis wir später allein waren. Daher ging ich durch die Straßen, um etwas zu essen zu finden; ich hielt ständig Ausschau nach dem Mädchen.

Ich war noch nicht weit gegangen, als zwei Leute aus einem schmalen Durchgang zwischen zwei Häusern sprangen und mich ergriffen. Bevor ich richtig verstand, was passierte, zogen sie mich in diesen Durchgang und knebelten mich mit einem Seil. Ich wehrte mich, so gut ich konnte. Ich trat einem auf den Fuß, einem anderen ans Knie. Mit aller Kraft drehte und wand ich mich, um meine Arme frei zu bekommen, doch sie waren zu zweit. Sie hatten mich bald in ihrer Gewalt und banden meine Hände auf dem Rücken zusammen.

»Keine Aufregung«, sagte ein Mann. »Wir tun dir nichts. Wir müssen nur mit dir sprechen.«

Nun gut. Das hatte ich an diesem Abend schon einmal gehört. Doch diesmal konnte ich nicht viel dagegen machen, ohne mir damit zu schaden. Deshalb ging ich mit und suchte jeden Augenblick nach einer Gelegenheit zu flüchten. Ich hoffte, dass sie mich auf eine Straße bringen würden, wo mehr Menschen waren. Dann würde ich loslaufen und darauf vertrauen, dass sie mir nichts über den Kopf schlugen oder andere schlimme Dinge mit mir taten, wenn andere zusahen.

Doch meine Hoffnung war vergebens. Sie blieben in dunklen Durchgängen und Gassen der alten Stadt. Dann schoben sie mich durch eine Tür und führten mich eine Treppe hinunter in einen engen, finsteren Raum. Nur eine kleine, flackernde Kerze gab ein wenig Licht. Ein dritter Mann saß an einem kleinen Tisch. Die große Tür fiel hinter mir ins Schloss.

Ich sah mich um. Wenn das kein Gefängnis war, wo ich gelandet war, dann war es zumindest so etwas Ähnliches.

Der Auftrag

Der Raum war dunkel und kalt, und die Kerze warf unruhige Schatten an die Wände. Es gab kein Fenster.

»Wie heißt du?«, fragte der große Mann hinter dem kleinen Tisch. Er nickte meinen Entführern zu, und sie entfernten das Seil aus meinem Mund.

»Karl.«

»Nun, Karl, hast du auch einen Nachnamen?«

»Schumacher. Ich heiße Karl Schumacher. Aber warum hat man mich hergebracht? Warum sind meine Hände gefesselt? Lassen Sie mich gehen.«

»Entschuldige bitte«, sagte der Mann hinter dem Tisch. Er war groß und sah rau, aber nicht unfreundlich aus. »Ich hoffe, dir hat niemand weh getan, doch

es sah so aus, als ob du auf unsere einfache Einladung hin nicht kommen würdest. Wir müssen sofort miteinander sprechen. Wir konnten es nicht riskieren, diese Gelegenheit verstreichen zu lassen.«

»Deswegen haben Sie mich überfallen, mich gefesselt und in diesen dunklen Kerker geschleppt. Warum? Ich habe nichts Böses getan.« Ich hoffte, dass sie mein Herz nicht klopfen hörten.

»Natürlich nicht.« Er blickte zu den beiden Männern hinüber, die rechts und links von mir standen. »Meine Herren, binden Sie Karl los. Ich bin sicher, es ist nicht mehr nötig, dass er gefesselt ist.«

Der Mann, der rechts von mir gestanden hatte, löste das Seil um meine Handgelenke. Ich rieb sie, bis ich wieder Gefühl in den Händen hatte. »Danke«, brachte ich heraus. »Warum haben Sie mich hergebracht? Ich will gehen.«

»Wir brauchen deine Hilfe wegen Doktor Luther.«

Mein Verstand arbeitete blitzschnell. Ich hatte einmal gehört, dass man, wenn man gefangen wird, am besten sofort flieht. Doch dafür war es bereits zu spät. Sie hatten mich in einer Zelle gefangen, die Tür war verschlossen. Aber vielleicht konnte ich mich durch Reden befreien. Ich musste nur vorsichtig sein – ich durfte nichts preisgeben, was Doktor Luther schaden konnte.

»Ich werde keine Fragen beantworten, solange Sie mich hier in diesem Gefängnis eingeschlossen halten.«

»Gefängnis?«, fragte der große Mann, die anderen beiden schmunzelten. »Karl, du bist nicht in einem

Gefängnis. Wir brauchten nur einen Ort, wo wir allein mit dir sprechen können.«

»Wie kommt es dann, dass die Tür hinter mir verschlossen ist?«

»Sie ist nicht verschlossen. Franz, zeig Karl, dass er hier nicht eingeschlossen ist. Lass die Tür ein Stück offen, wenn er sich dadurch besser fühlt.«

Franz, der Mann auf meiner rechten Seite, öffnete die Tür einen Spalt.

»Heißt das, ich kann hier heraus?« Ich drehte mich um und ging in Richtung Tür. Ich wollte die erste Gelegenheit nutzen; es konnte schließlich die letzte sein.

»Warte einen Augenblick«, sagte Franz und legte seine Hand auf meine Schulter, während er sich zwischen mich und die Tür stellte.

Es war doch nicht so einfach, wie ich es mir vorgestellt hatte.

»Nur eine Minute«, sagte der große Mann.

»Ich habe wohl keine andere Wahl«, meinte ich.

»Wir müssen nur mit dir über Doktor Luther sprechen. Wir brauchen deine Hilfe, Karl«, fuhr der große Mann fort. »Wir sind im Auftrag eines wichtigen Mannes hier. Du ahnst wahrscheinlich, wer es ist, aber wir können seinen Namen nicht nennen.« (Natürlich ahnte ich, wer dahinter stand, wahrscheinlich war es Eck.) «Unser Herr will sicherstellen, dass Luther gerecht behandelt wird, und deswegen brauchen wir deine Hilfe.«

»Ich werde Doktor Luther niemals verraten, egal wie lange Sie mich hier festhalten.«

»Gut«, sagte der große Mann. »Wir brauchen Menschen, die treu sind. Aber wir haben nicht die Absicht, dich hier unten festzuhalten. Wenn die Gerichtsverhandlung für Luther schlecht ausgeht, werden wir eine Flucht organisieren müssen. Aber damit uns das gelingt, brauchen wir jemanden, der sich auskennt. Und das bist du. Wir möchten, dass du uns über alles, was er tut und wo er hingeht, Bescheid gibst. Wir müssen seine Pläne im Voraus wissen, damit wir ihn gegebenenfalls retten können.«

Ich war verwirrt. Diese Männer hier hatten mich entführt und ins Gefängnis geworfen, zumindest schien es so, und jetzt beteuerten sie, dass es kein Gefängnis war, dass ich gehen konnte, wohin ich wollte. Auf der anderen Seite wollten sie aber zuerst mit mir sprechen. Und das Schlimmste war, dass sie mich als Spion von Doktor Luther gewinnen wollten. Allerdings sprachen sie davon, ihn retten zu wollen, und von einer Flucht. Was ging da vor? Was hatte das alles zu bedeuten?

»Karl, wenn Johann Eck den Prozess gewinnt, wird dein Herr als Ketzer verurteilt. Wenn das geschieht, ist schwer vorauszusagen, was der Kaiser tun wird. Wenn es ihm einfällt, wird er das Ganze einfach fallen lassen. Er könnte aber genauso gut Luther zum Tod auf dem Scheiterhaufen verurteilen. Wir wissen es nicht.«

»Aus diesem Grund«, ergriff Franz jetzt das Wort, «wenn wir Luther retten wollen, müssen wir seine Pläne kennen, damit wir zu jeder Zeit bereit sein können. Dafür brauchen wir deine Hilfe.«

Wer waren diese Leute? Zuerst war ich sicher gewesen, dass Eck ihr Hintermann war. Vielleicht waren es aber auch Leute von Kurfürst Friedrich. Wie konnte ich es wissen?

»Wer seid ihr?«, fragte ich.

»Wer wir sind, spielt keine Rolle, Karl. Wirst du uns helfen? Wirst du Luther helfen?«

»Aber wenn ihr mir nicht sagt, wer ihr seid, sagt mir wenigstens, für wen ihr arbeitet.«

»Wie ich vorhin schon gesagt habe, wir können dir den Namen unseres Herrn nicht verraten. Du ahnst es wahrscheinlich, aber wenn du je gefragt werden solltest, ist es in jedermanns Interesse, dass du ehrlich sagen kannst, dass der Name nie erwähnt wurde. Verstehst du das?«

Nun, in gewisser Weise verstand ich schon. Und dann wieder verstand ich gar nichts. Ich brauchte Zeit, um darüber nachzudenken, Zeit, um herauszufinden, ob diese Männer mir eine Falle stellten oder wirklich Luther helfen wollten. »Was wollt ihr von mir?«, fragte ich in der Hoffnung, auf diese Art etwas mehr Information zu bekommen.

»Du bist unser Kontaktmann. Deine Aufgabe besteht darin, herauszufinden, wo Luther hingeht und wann – zu jeder Tages- und Nachtzeit. Es kann zu jeder Stunde gefährlich für ihn werden. Wir können ihm nicht hinterherlaufen, wenn er es sich in den Kopf gesetzt hat, in irgendeiner Kirche zu predigen. Wenn er verurteilt ist, bleiben uns wahrscheinlich nur wenige Stunden, um ihn aus der Stadt hinauszubringen. Wir bleiben in ständigem Kontakt mit dir, damit du uns sagen kannst, wo er hingehen wird.«

»Ist das alles?«, fragte ich und dachte, dass es doch eigentlich sehr viel war, wenn die Leute Feinde waren. Aber der Plan klang sehr gut durchdacht und vernünftig – es war die Art von Plan, den Freunde machen.

»Ja, das ist alles – sei unser Kontaktmann und halte uns auf dem Laufenden. Hilf mit, wenn die Zeit gekommen ist.«

»Welche Zeit?«

»Wenn wir ihn retten müssen.«

»Kann ich darüber nachdenken?«, fragte ich.

Der große Mann blickte die beiden Männer neben mir an. »Morgen. Wir brauchen deine Antwort spätestens morgen. Wenn du uns nicht helfen willst, werden wir uns jemand anderes suchen müssen. Doch du bist der ideale Kontaktmann. Du bist seit Wittenberg bei ihm. Als sein Junge, sein Knecht, kannst du kommen und gehen, ohne dass jemand Notiz davon nehmen würde. Wir brauchen dich. Dein Herr, Doktor Luther, braucht dich. Sag ihm nichts davon!«

»Kann ich jetzt gehen?«

»Ja. Unsere Kontaktperson wird morgen zu dir kommen, während du im Gerichtssaal bist. Es gibt ein Kennwort. Unsere Person wird sagen: ›Ich ritt durch Düben.‹ Sprich nur mit dieser Person. Kein Wort zu irgendjemandem sonst. Jetzt geh!«

Ich drehte mich um und verließ den Keller. Ich stolperte die Steinstufen hinauf und trat in die Dunkelheit. ›Ich ritt durch Düben.‹ Was für ein merkwürdiges Kennwort. Viele Menschen reiten durch Düben, meinen Heimatort; ich selbst war erst wenige Tage zuvor durchgeritten. Wusste er, woher ich kam? Es war unheimlich, dass er mehr über mich wusste als ich über ihn.

***

Am nächsten Tag wurde Doktor Luthers Anhörung wegen anderer dringender Fälle verschoben bis auf den späten Nachmittag. Es fiel mir sehr schwer zu warten, doch Luther nutzte die Zeit zur Vorbereitung auf das, was er sagen würde.

Ein alter Freund von Luther, ein Mönch namens Bruder Johann Petzensteiner, aß mit uns zu Mittag. »Ich bin zu euch gekommen«, sagte er zu Luther. »Wie auch immer euer Los aussehen wird, es ist auch mein Los.«

»Das ist aber ein Wort«, lachte Luther. »Vielleicht sollte man Sie Bruder Petrus nennen – Ihre Worte hören sich an wie die von Petrus, als er Christus versprach, ihn nie zu verraten.«

Bruder Johann war offensichtlich verletzt, obwohl ich nicht glaube, dass Doktor Luther die Absicht hatte, ihm wehzutun. Bald jedoch entspannte sich die Stimmung wieder, und sie sprachen miteinander über die alten Zeiten. Luther bestand darauf, dass Bruder Johann mit in unseren Zimmern wohnte, so klein sie auch waren.

Als er schließlich zu der Anhörung gerufen wurde, musste er in einen noch größeren Saal im Bischofspalast gehen; es war jedoch genauso voll. Sogar der Kaiser hatte seine Mühe, sich durch die Massen einen Weg zu seinem Platz zu bahnen.

Dann begann Eck sofort damit, Luther die zweite Frage des Vortags zu stellen: War Luther bereit, den Inhalt seiner Schriften zu widerrufen?

Doktor Luther sprach bestimmt und sachlich. Die Vorbereitungen und die Hilfe Jesu hatten ihm Kraft gegeben. Luther zitierte viele Verse aus der Bibel, um die Richtigkeit seiner Aussagen zu beweisen.

Als er geendet hatte, sagte Eck knapp: »Ketzerei, alles Ketzerei!«

Martin Luther drehte sich zum Kaiser um und sagte: »Eure Majestät, wenn mir nicht jemand in der Bibel zeigt, dass ich Unrecht habe, bin ich weder fähig noch willens, auch nur ein Wort zu widerrufen, das ich geschrieben habe. Hier stehe ich; Gott helfe mir, ich kann nicht anders.«

Ich dachte, was für ein wundervoller Schlusssatz das doch war. Die meisten seiner Freunde, die bei uns standen, dachten wohl dasselbe. Die Anhörung wurde vertagt, und wir gratulierten einander, als wir

durch die Menge nach draußen drängten. Als wir draußen waren, jubelten einige aus der Menge ... doch dann wurde ein anderer Ruf immer lauter: »Verbrennt ihn! Verbrennt ihn!«

Furcht schnürte mir den Hals zusammen. In meinen Gedanken sah ich die Leiter mit dem ›Ketzer‹ in die Flammen fallen.

Es überlief mich kalt. Der Kaiser hatte noch kein Urteil gefällt, und es konnte das Todesurteil sein.

Dann, als ich durch die Menschen lief, hörte ich plötzlich eine weibliche Stimme neben mir: »Ich ritt durch Düben. Ich ritt durch Düben.«

Ich fuhr herum, da stand das Mädchen und zupfte an meinem Ärmel.

Fluchtpläne

»Los, komm, ich muss mit dir sprechen!«, sagte sie und zog mich ein Stück weiter.

»Du? Du bist meine Kontaktperson?«, platzte ich heraus.

»Ruhe«, sagte sie, doch die Menge war so laut, dass selbst die Menschen, die neben uns standen, uns nicht gehört hätten. Sie zog mich weiter durch ein Tor zu einem abgelegenen Platz vor einem großen Haus.

»Du warst es also doch, die durch Düben geritten ist. Was hast du an unserem Wagen zu schaffen gehabt?«

»Nichts. Ich wollte nur sichergehen, dass es eurer war – dass ihr in dem Haus wart.«

»Warum wolltest du das wissen? Warum bist du uns gefolgt?«

»Wir haben jetzt keine Zeit, um alles zu erklären. Hast du dich entschieden? Wirst du uns helfen … oder nicht?«

»Woher soll ich das wissen? Ich weiß nicht einmal, wer ihr seid.«

»Das spielt auch keine Rolle. Wir sind Freunde von Luther, und er könnte unsere Hilfe brauchen. Hast du gehört, was die Menschen gerade gerufen haben? Es sind sehr viele, die ihn gern auf einem Scheiterhaufen sehen würden.«

Ich schluckte hart. Ich hörte immer noch das Geschrei der Menschen auf den Straßen. »Ich weiß. Aber du und diese Männer, die mich gestern Abend entführt haben, könnten auch dazugehören.« Ich starrte sie an; zum ersten Mal sah ich ihr Gesicht aus der Nähe. »Sag mir wenigstens, wie du heißt.«

»Ich heiße Marlene …«

In dem Augenblick kam eine Gruppe von Menschen durch das Tor. Sie wohnten anscheinend in dem Haus, denn sie schrien uns sofort an: »Ihr da! Das ist kein Spielplatz! Weg hier!«

Das Mädchen zog den Kopf ein, und augenblicklich gingen wir zurück auf die Straße, auf der sich immer noch die Leute drängten. »Entscheide dich – schnell! Denk an deinen Auftrag«, flüsterte sie. Damit mischte sie sich unter die Menschen und war verschwunden.

Ich ging zurück zu unserem Quartier. Ich dachte den ganzen Weg darüber nach, was ich tun sollte. Schließlich beschloss ich, Doktor Luther davon zu erzählen. Ich wollte ihm sagen, dass ich das Mädchen getroffen hatte und dass sie Marlene hieß, und dann?

Als ich in unserer Unterkunft ankam, war eine regelrechte Feier im Gange. Zusammen mit Bruder Nikolaus und Bruder Johann gratulierten viele Fremde Luther zu seiner brillanten Verteidigungsrede. Andere rieten ihm, was er als Nächstes tun sollte. Luther begrüßte jeden, indem er beide Fäuste hob und erklärte: »Ich bin hindurch! Ich werde es schaffen!« Er war sich sicher, dass das Urteil am nächsten Tag zu seinen Gunsten ausfallen würde.

***

Doch früh am nächsten Morgen kamen zwei Wachleute. Waren sie gekommen, um Doktor Luther ins Gefängnis zu werfen? Nein. Ich erfuhr, dass sie geschickt worden waren, um Luther zu begleiten, damit er sicher durch die Menschenmengen kam.

Wir waren sehr zuversichtlich.

Als der Reichstag sich erneut eingefunden hatte, erhob sich Kaiser Karl, um zu sprechen. Das an sich war schon sehr merkwürdig. Niemand erwartete, dass er Luther direkt ansprechen würde. Er war jung und schwach, seine Berater machten eigentlich die Politik – zumindest hatte man das immer behauptet. Doch da stand er nun und verlas sein Urteil.

»… im Hinblick auf die lange Tradition, dass der Staat die Kirche unterstützt, werde auch ich die Kirche unterstützen. Ich kann nicht die Meinung eines Mannes akzeptieren, wenn alle Kirchenmänner und Theologen anderer Ansicht sind.

Ich hätte gegen die ketzerischen Gedanken Martin Luthers sehr viel früher vorgehen müssen. Ich will ihn sicher nach Wittenberg zurückschicken, aber nur, weil ich das Versprechen, ihm Geleitschutz zu geben, halten will. Er darf jedoch nicht mehr predigen. Er darf nicht mehr lehren. Wenn er sicher reisen will, muss er schweigen. Alle seine Bücher und Schriften sind zu verbrennen. Jeder, der dabei erwischt wird, wie er sie liest, druckt oder vertreibt, soll verurteilt werden.

Wenn Luther in Wittenberg angekommen ist, wird der Geleitschutz zu Ende sein, und ich werde gegen ihn als Ketzer vorgehen.«

Ich war wie vor den Kopf gestoßen. Ich konnte nicht glauben, was ich da gehört hatte. Doch der Kaiser war noch nicht fertig.

Er wandte sich um zum Rest des Reichstages und sagte: »Ich ermahne jeden zur Loyalität gegenüber dem Reich, indem er seine Pflicht tut und seine Versprechen hält. Ich habe mich damit einverstanden erklärt, diesen Mann anzuhören. Und Sie«, er blickte Kurfürst Friedrich direkt an, «Sie haben zugestimmt, die kaiserliche Regierung zu unterstützen.«

Laute Rufe ertönten – einige für den Kaiser, einige dagegen. Und mitten in diesem Durcheinander sah ich, wie Kurfürst Friedrich aufstand und aus dem Saal schlüpfte.

Ich vermute, dass niemand ein so hartes Urteil erwartet hatte. Doch niemand, der wirklich Autorität gehabt hätte, stand auf, um Luther zu verteidigen. Luther und der Rest unserer Gruppe wurden aufgefordert, den Saal zu verlassen; und der Reichstag beschäftigte sich mit weiteren Staatsangelegenheiten.

An diesem Abend kamen viele Freunde, um Doktor Luthers Situation mit ihm, Bruder Nikolaus und Bruder Johann zu besprechen. Es war noch nicht sicher, dass er zum Tode verurteilt war, aber die Möglichkeit bestand. Einige der Reichstagsmitglieder, die Luther unterstützten, versuchten, weitere Anhörungen zu organisieren. Sie glaubten vielleicht, dass das Urteil des Kaisers gemildert würde.

Die Tage vergingen, und die Verhandlungen wurden fortgesetzt. Manchmal berief man Luther vor den Reichstag, damit er vor verschiedenen Ausschüssen seine Aussage machte, aber die Lage verbesserte sich nicht. Mindestens einmal am Tag sah ich Marlene. Ich ging mit Doktor Luther zu einer Verhandlung, oder ich kam vom Einkaufen zurück, oder ich hatte eine Nachricht überbracht, irgendwo stand sie, in einem Eingang oder neben einem Brunnen. Jedes Mal schüttelte ich den Kopf. Ich hatte zwar eigentlich beschlossen, Marlene und den Männern hinter ihr zu vertrauen, aber ich hatte immer noch meine Zweifel, deshalb wollte ich nichts preisgeben. Außerdem gab es nichts Neues zu berichten.

Dann kam eines Tages Caspar Sturm, der Reichsherold, zu unserem Quartier. »Es bleiben nur noch zweiundzwanzig Tage, für die der Geleitschutz gilt«, sagte er sehr ernst zu Luther. »Ich halte es für klug, wenn Sie nicht mehr so lange warten.«

»Aber wir brauchen sicher nicht allzu lange, um nach Wittenberg zurückzukehren«, meinte Bruder Nikolaus, während er seine Sandalen anzog.

»Nein. Es ist natürlich leicht, diese Strecke in ein paar Wochen oder weniger zurückzulegen«, stimmte Sturm zu, «aber es ist genauso gut möglich, dass man länger braucht, sei es wegen Wetter oder Krankheit, daher ist es wohl besser, nicht zu lange zu warten. Denn wenn der Geleitschutz ausgelaufen ist, könnte es sehr gefährlich für Sie werden.«

»Ich war krank, als wir hierher fuhren«, sagte Luther, «und das hat die Reise nicht sehr verzögert. Und was könnte schlechtes Wetter Schlimmeres ausmachen, als dass es unangenehm für uns wird?«

»Ich habe auf dieser Strecke im Frühjahr schon heftige Gewitter und solchen Regen erlebt, dass die Flüsse zwei oder drei Tage lang unpassierbar waren«, sagte der Herold. »Aber offen gesagt, Doktor Luther, die größte Gefahr stellen Ihre Feinde dar, die Verzögerungen organisieren könnten – ein gebrochenes Rad, lahme Pferde, Banditen – es kann so viel schief gehen. Sehen Sie, Doktor Luther, jetzt, wo Sie vom Kaiser verurteilt sind, können andere Menschen Sie töten. Während der verbleibenden Zeit Ihres Geleitschutzes kann man Sie vor Übergriffen durch die Öffentlichkeit schützen, aber danach ... andere könnten Sie angreifen, ohne dafür verfolgt zu werden. Sie sind ein verurteilter Mann.«

»Hmm. Ich verstehe, was Sie meinen«, sagte Luther.

Bruder Johann ergriff das Wort. »Wissen Sie, Doktor Luther, ich glaube nicht, dass es noch viel bringt, wenn Sie länger in Worms bleiben. Ich habe Sie ja einige Male zu den Verhandlungen begleitet, und ich denke, es ist alles gelaufen.«

»Ich fürchte, dass Sie Recht haben«, meinte Luther. »Ich kann ebenso gut zu meinen Studenten an die Universität zurückkehren.«

»Es wird für Sie diesmal keine kaiserliche Eskorte auf dieser Reise geben«, sagte der Herold. »Aber ich wünsche Ihnen alles Gute. Ich achte die Ziele, für die Sie eintreten, Doktor Luther.«

»Danke«, sagte Luther. Die beiden Männer tauschten einen schnellen Händedruck.

»Lasst uns morgen aufbrechen«, sagte Luther, sobald der Herold den Raum verlassen hatte. »Wenn wir keine kaiserliche Eskorte haben, können wir vielleicht die Stadt unbemerkt verlassen. Eine unbemerkte, ruhige Reise ist wahrscheinlich am sichersten.«

»Gut«, sagte Bruder Nikolaus. »Aber Ihre Abreise wird sich innerhalb eines Tages herumgesprochen haben. Es kommen immer wieder Menschen hier vorbei und fragen nach Ihnen.«

»Das ist richtig.« Luther sah aus dem Fenster und kratzte sich am Kinn. »Wie wäre es, wenn einer von euch einige Tage zurückbleiben würde. Er müsste nur den Leuten sagen, dass ich momentan nicht verfügbar wäre, dann würde es nicht so sehr auffallen, dass wir abgereist sind.«

»Ich würde es gern tun«, bot Bruder Nikolaus an. »Nachdem wir zusammen angekommen sind, werden die meisten Leute denken, dass wir auch gemeinsam abreisen.«

»Gut. Bruder Johann, reisen Sie mit uns?«

»Ich habe Ihnen gesagt, dass ich bei Ihnen bleiben werde.«

»Warum fangt ihr dann nicht einfach an zu packen? Ich gehe hinaus und spreche mit den Menschen auf der Straße, damit viele die Möglichkeit haben, mich zu sehen. Dann haben sie vielleicht eine Weile genug.«

»Aber halten Sie keine Predigt«, sagte Bruder Nikolaus. »Man muss den Kaiser nicht herausfordern.«

»Ich werde vorsichtig sein. Karl, du gehst und kaufst Lebensmittel für die Reise, bereitest den Wagen vor und siehst nach den Pferden. Niemand wird sich groß um dich kümmern. Wir wollen so still wie möglich morgen früh abfahren.«

Den ganzen übrigen Nachmittag verbrachte ich damit, immer wieder zum Markt zu gehen. Ich kaufte Brot, Käse, Äpfel und Wein, aber nicht zu viel, um kein Aufsehen zu erregen. Am Abend dann verhielt ich mich genauso, als ich zum Stall ging, um den Wagen zu packen. Ich wartete immer eine halbe Stunde oder länger, dann ging ich mit dem nächsten Gepäckstück wieder los.

Es war schon spät, als ich das letzte Mal ging – ohne Laterne, doch ich beschloss, den Pferden eine Extraration zu geben, damit sie für die Fahrt gerüstet waren. Ich schüttete Hafer in die Futtertröge der ersten beiden Pferde, dann tastete ich mich in der Dunkelheit zur letzten Pferdebox. Plötzlich stolperte ich über etwas, das im Stroh auf dem Boden lag. Als ich hinfiel, merkte ich, dass es ein menschlicher Körper war. Dann schrie jemand.

»Was ist da los?«, rief der Stallmeister aus seinem Raum im vorderen Teil des Stalles.

Bevor ich antworten konnte, wurde mir mit einer kräftigen Hand der Mund zugehalten. »Ich bin es, Marlene«, sagte das Mädchen flüsternd. »Ich wollte nicht schreien, aber du hast mich getreten.« Dann nahm sie ihre Hand von meinem Mund.

»Was ...?«, begann ich.

»Pst. Antworte dem Mann.«

»Nichts«, rief ich. »Ich bin nur über etwas gestolpert.«

Eine Tür schlug zu.

»Was tust du hier?«, fragte ich sie.

»Ihr macht euch bereit zur Abreise, nicht wahr?«, sagte Marlene.

»Wieso glaubst du das?«

»Ich habe dich schon den ganzen Tag beobachtet, wie du zum Markt gegangen bist und den Wagen gepackt hast. Ich nahm an, dass du auch noch nach den Pferden sehen würdest, und dann bin ich eingeschlafen, während ich wartete. Wann werdet ihr abreisen?«

Bevor ich überhaupt merkte, was ich eigentlich tat, hatte ich Marlene unseren ganzen Plan erzählt. Ich wollte es nicht, aber nun war es zu spät.

»Das halte ich für klug«, sagte sie. »Ich hoffe nur, ihr könnt unbemerkt aus der Stadt verschwinden.« Dann legte sie die Hand auf meinen Arm. »Danke, Karl, dass du mir dein Vertrauen geschenkt hast. Das war richtig.«

»Woher weißt du, wie ich heiße?«

»Das ist nur gerecht. Ich habe dir auch meinen Namen genannt.«

»Ja, aber ich dir meinen nicht.«

»Jemand anderes hat ihn mir verraten. Gute Nacht, Karl.« Und da war sie auch schon in der Dunkelheit verschwunden.

Als ich wieder in unseren Zimmern war, war ich müde und ging gleich zu Bett, doch Marlene verfolgte mich bis in meine Träume. Ich sah sie auf einem Pferd durch die Dunkelheit reiten, und ihr langes, schwarzes Haar wehte im Wind.

Wir hatten gehofft, früh am nächsten Morgen aufbrechen zu können, doch Doktor Luther wurde zu einer Verhandlung gerufen, die erst um zehn Uhr zu Ende war. Daher war es fast Mittag, als ich den Wagen aus dem Verschlag holte und Doktor Luther und Bruder Johann aufstiegen.

Wir rumpelten gemütlich durch die Straßen, als ob wir es nicht besonders eilig hätten, und fuhren in Richtung Stadttor. Alles schien gut zu gehen. Anscheinend hatte niemand unsere Abreise bemerkt.

Doch als wir durch das Stadttor gefahren waren, wurden wir von einer kleinen Reitergruppe begrüßt. Es waren ungefähr zwanzig Männer, viele von ihnen trugen Waffen.

»Wir sind eure Eskorte«, verkündete ein Mann mit einem grauen Bart und einem Helm.

Woher hatten sie es gewusst?

Flucht durch das Werratal

Die Reiter ritten vor, neben und hinter uns. Ich musste kaum die Pferde lenken, sie trotteten einfach mit als Teil der Herde. War es Marlene gewesen, die diese Eskorte organisiert hatte? Es gab damit keine Möglichkeit mehr, unbemerkt aus der Stadt zu verschwinden. Bald würde es jeder wissen. Warum hatte ich ihr nur alles anvertraut? Ich musste verrückt gewesen sein.

Doch Doktor Luther und Bruder Johann machten sich anscheinend keine Sorgen wegen unserer Begleitung und unterhielten sich gut gelaunt, bis wir am späten Nachmittag Oppenheim erreichten. Oft zog Luther seine Laute hervor, und die ganze Truppe sang ein Volkslied. Manchmal sang er einen christlichen Text zu den volkstümlichen Melodien. Wir machten auf dem Marktplatz Rast, wo die Menschen Luther freundlich begrüßten.

Plötzlich erstarrten alle, denn ein Reiter kam in vollem Galopp an und zog mitten auf dem Marktplatz die Zügel, bis das Pferd stand.

Als die Staubwolke sich senkte, erkannten wir Caspar Sturm, den Reichsherold.

»Ich dachte, Sie können uns nicht begleiten«, meinte Luther.

»Ich bin auch gar nicht da«, lachte Sturm, als er sich aus dem Sattel schwang. »Zumindest bin ich nicht offiziell als Reichsherold hier. Aber das weiß niemand. Der Kaiser hat mir Urlaub gegeben, und ich habe beschlossen, euch ein paar Tage zu begleiten.«

Ich freute mich, ihn zu sehen. Er war ein Freund geworden, auf den man sich in Situationen verlassen konnte, in denen ich nur wenigen Menschen traue.

Bevor wir uns ein Quartier für die Nacht suchten, überquerten wir den Rhein. Die meisten aus der Reitereskorte ritten zurück, statt die Überfahrt zu bezahlen. Vielleicht nahmen sie an, dass die Anwesenheit eines Reichsherolds Sicherheit genug bot; vielleicht mussten sie auch zu ihren Familien zurück; oder vielleicht waren einige dabei, denen es gar nicht darum ging, uns zu beschützen. Vielleicht wollten sie uns etwas antun und wurden nun durch Sturm daran gehindert. Wie auch immer, vom Rhein an wurden wir nur noch von vier Männern und Caspar Sturm begleitet.

Unsere Reise verlief während der nächsten drei Tage ohne Zwischenfälle, außer dass Luther immer wieder darauf bestand, in jeder Stadt zu predigen, wenn er dazu aufgefordert wurde. Wir warnten ihn und erinnerten ihn daran, dass er sich damit dem Befehl des Kaisers widersetzte, aber Luther kümmerte sich nicht darum.

Dann eines Tages, als der Reichsherold große Bedenken äußerte, sagte Luther: »Ich habe das Urteil des Kaisers genauso wenig akzeptiert wie die Bulle des Papstes. Gott ist mein Richter! Warum sollte ich Menschen eher gehorchen als Gott?«

»Aber lieber Doktor«, protestierte Caspar Sturm, «wenn Sie nicht an Ihre eigene Sicherheit denken, denken Sie wenigstens an uns. Sehen Sie nicht, wie Ihr Predigen mich in Verruf bringt? Ich begehe kein Unrecht, wenn ich Sie einfach nur begleite. Ich habe Urlaub, und Sie genießen immer noch das freie Geleit des Kaisers. Aber von mir zu erwarten, dass ich ruhig zusehe, wenn Sie die Befehle des Kaisers missachten … damit bin ich genauso schuldig.«

»Es tut mir wirklich Leid«, sagte Luther in ganz ruhigem Tonfall. »In der Bibel steht jedoch: ›Predigt zur Zeit und zur Unzeit.‹ Der Kaiser mag erklärt haben, dass mein Predigen unzeitgemäß ist, aber das enthebt mich nicht der Verantwortung, dass ich Gottes Wort verkündigen soll.«

Wir standen in ehrfürchtigem Schweigen, als Luther und Sturm ihre Meinungsverschiedenheit austrugen.

Schließlich senkte Sturm den Kopf und blickte dann zu Luther hoch. »Vielleicht sollte ich umkehren. Ich habe sowieso nur noch zwei Tage, bevor ich zum kaiserlichen Hof zurückkehren muss. Sie sind momentan wohl nicht in Gefahr. Sie haben Freunde in jeder Stadt, die sich um Ihre Sicherheit kümmern werden.«

»Das ist wahrscheinlich das Beste«, sagte Luther. »Ich verstehe Ihre Lage. Wir sind sehr dankbar für Ihre Begleitung und …« Luther streckte langsam die Hand aus, «… für Ihre Freundschaft.« Der Reichsherold nahm die angebotene Hand und schüttelte sie herzlich.

»Vielleicht ist es am besten, wenn wir Sie jetzt auch verlassen, Doktor Luther«, sagte einer der bewaffneten Reiter, die uns seit Worms begleitet hatten.

Ich war darüber erschrocken. Wir hatten keine Eskorte erwartet, doch da hatten wir auch noch vor, unbemerkt zu reisen. Jetzt waren wir vier Tage lang mit einer großen Gruppe gereist. Die Menschen an unserem Weg wussten, dass wir kamen, es war fast wie auf unserem Hinweg. Ohne Caspar Sturm und die anderen waren wir leichte Beute für jeden, der es auf uns abgesehen hatte. Ich blickte hinüber zu den Bergen, die immer näher kamen, wo die Wälder dicht waren und die Städte weiter auseinander lagen. Doch was konnten wir tun?

An diesem Abend predigte Luther auf dem Marktplatz von Hersfeld. Die Menschen baten ihn zu sprechen, aber der Pfarrer wollte kein Risiko eingehen und stellte seine Kirche nicht zur Verfügung. Er beteuerte jedoch immer wieder, dass er Doktor Luther sehr bewunderte. Deshalb versammelten sich alle auf dem Marktplatz, wo Fackeln angezündet wurden, um den Platz zu erhellen.

Ich stand am Rand im Schatten, als eine Stimme zu mir sagte: »Ihr habt ja gar keine Eskorte mehr.« Inzwischen war mir diese Stimme vertraut. Ich drehte mich um und konnte in der Dunkelheit ihr Gesicht erkennen.

»Marlene! Was tust du hier?«

»Pst. Ich bin deine Kontaktperson; weißt du nicht mehr?«

»Aber ich hatte keine Ahnung, dass du uns von Worms aus gefolgt bist.«

Sie war wirklich hübsch im flackernden Schein der Fackeln, das konnte aber mein Misstrauen nicht aus-

löschen. »Du weißt, dass du unsere geheime Abreise aus Worms zunichte gemacht hast? Das war wirklich zu dumm, eine Eskorte von zwanzig Reitern zu organisieren.«

»Ich? Ich habe keine Eskorte organisiert.«

»Wer sonst wusste denn von unserem Plan? Ich habe dir vertraut und erzählt, dass wir abreisen würden. Niemand sonst wusste davon.«

»Da du den ganzen Tag damit zugebracht hast, einkaufen zu gehen und den Wagen zu packen, konnte es eine ganze Reihe Leute wissen – zum Beispiel der Stallmeister.«

An ihn hatte ich nie gedacht. Nachdem wir Worms verlassen hatten, hatte ich angenommen, dass es Marlene und die Männer hinter ihr waren, die diese Eskorte organisiert hatten. Obwohl es mein Vertrauen zu ihr erschüttert hatte, hatte ich schließlich diese Eskorte als Sicherheitsmaßnahme akzeptiert.

»Wir machten uns selbst Sorgen über diese Reiter«, meinte Marlene, «besonders als auch noch der Reichsherold dazukam. Es sah aus wie eine Falle.«

»Woher weißt du, dass Caspar Sturm kam? Hast du uns die ganze Zeit nachspioniert?«

»Es ist meine Aufgabe, immer in Kontakt mit dir zu bleiben. Daher muss ich so eng bei euch bleiben, wie es nötig ist.«

»Über Caspar Sturm brauchst du dir keine Sorgen zu machen. Er ist ein echter Freund geworden. Ich würde ihm eher vertrauen als …« Beinahe hätte ich ›dir‹ gesagt, aber als ich ihre blauen Augen im Fackelschein sah, hielt ich es nicht mehr für klug.

»Ich sehe dich in Eisenach wieder«, sagte sie und wollte gehen.

»Warte!«, rief ich. »Wir reisen nicht durch Eisenach. Doktor Luther will vorher nach Osten in die Thüringer Berge fahren. Er hat dort Verwandte, die er gern besuchen möchte.«

»Wohin genau?«, fragte Marlene.

»Ich weiß es nicht. Er nannte ein Dorf namens Mohra oder so ähnlich.«

»Danke. Wir sehen uns wieder.« Damit war sie verschwunden.

***

Am nächsten Morgen brachen wir früh auf, und ich hielt an jeder Kreuzung und in jedem Dorf Ausschau nach Marlene. Ich schob meine Tagträume auf die Langeweile, die es mit sich brachte, einen Wagen Meile um Meile zu lenken. Ich würde bestimmt nicht an Mädchen denken, wenn ich etwas Interessanteres zu tun hätte.

Wir bogen schließlich auf eine kleinere Straße Richtung Osten ab, und bald begann der Weg zu steigen. »Eigentlich ist es eine Abkürzung«, sagte Luther. »Statt erst in den Norden nach Eisenach und dann nach Osten zu fahren, nehmen wir diesen Weg und stoßen bei Gotha wieder auf die Hauptstraße. Wir werden damit Eisenach umfahren.«

»Wenn es eine Abkürzung ist, warum fährt dann nicht jeder hier entlang?«, fragte ich.

»Du wirst es sehen«, antwortete Luther.

Schon nach kurzer Zeit merkte ich es. Die Straße war so steil, dass wir nur sehr langsam vorwärts kamen. Immer wieder musste ich auf dem Weg an Marlene denken: wie ich sie vor dem Gasthaus in Wittenberg beinahe umgerannt hätte, wie sie mitten in der Nacht durch Düben ritt, wie sie beim letzten Mal in dem Fackelschein neben mir gestanden hatte.

Wenn ich ihr wirklich vertrauen konnte, dachte ich, während ich die Pferde um einen Platz herumführte, der vom Frühjahrsregen völlig ausgewaschen war, war sie die Art Mädchen, für die ich mich interessieren könnte. Sie war wirklich hübsch, keine Frage. Aber es war noch mehr. Wie mutig musste sie sein, wenn sie ganz allein herumritt. Sie hatte Selbstvertrauen. So war kein anderes Mädchen, das ich kannte. Und wenn sie Luthers Ideen unterstützte … das sprach dafür, dass sie an Gott glaubte.

Auf der anderen Seite musste sie aus einer komischen Familie stammen, wenn ihre Eltern sie so herumziehen ließen. So etwas tat ein Mädchen einfach nicht!

Trotz der holperigen Straße saß Doktor Luther hinten auf dem Wagen und arbeitete an einer Predigt. Manchmal spielte er auch auf seiner Laute und sang. Bruder Johann hatte sich auf unserem Gepäck zusammengerollt und schlief ... wie meistens.

Wir erreichten die Kuppe des Berges, und ich lenkte den Wagen einen steilen Weg hinunter bis zur Fähre, mit der wir über die Werra fahren wollten. Der Fluss ist an dieser Stelle sehr ruhig, doch als wir den Berg hinunterkamen, sahen wir, dass nur ein Stück stromabwärts der Fluss zu einem reißenden Strom wurde, der sich seinen Weg durch das Tal schnitt.

Diese Fähre war sehr viel besser als die, mit der wir auf dem Hinweg die Elbe überquert hatten; es bereitete keine Schwierigkeiten, den Wagen und die drei Pferde zu verladen. Ich blockierte die Räder, bezahlte den Fährmann und setzte mich hinten hin, um den Blick auf die schönen Wälder und die steinige Schlucht zu genießen. Ich bemerkte, dass der Wald reich an Nadelbäumen war. Dadurch fiel das neue sprießende Grün der Laubbäume umso mehr auf.

Wir befanden uns in der Mitte des Flusses, als ich eine Gruppe von Männern sah, die am anderen Ufer warteten. Sie saßen alle auf großen Pferden, die unruhig an der Landestelle der Fähre hin und her traten. Die Männer waren schwer bewaffnet, einige hatten eine Ritterrüstung an, aber sie hatten weder Flagge noch Banner, die verraten hätten, in wessen Auftrag sie unterwegs waren.

Ein Schauer durchzuckte mich, und ich sprang vom Wagen. »Wissen Sie, wer diese Männer sind?«, fragte ich den Fährmann, während er gleichmäßig an dem Stock zog, um uns über den Fluss zu bringen.

Er blickte auf, ohne seine Tätigkeit zu unterbrechen. »Keine Ahnung. Erwartet ihr jemanden? Es sind zu viele, als dass sie diesen Fluss auf einmal überqueren könnten.«

Wir jemanden erwarten? Nein, wir erwarteten niemanden – zumindest niemanden, den wir treffen wollten. Aber sie mochten vielleicht auf uns warten. Ich spielte die Möglichkeiten durch. Es wäre eine ideale Falle. Wir konnten ihnen nicht ausweichen. Ich wäre nicht einmal fähig, den Wagen durch die Menge hindurch zu lenken. Und wir konnten uns nicht vor ihnen verstecken. Wir konnten nicht loslaufen und im Wald verschwinden. Es gab kein Entkommen.

Doch dann fiel mir etwas ein.

Ich kletterte zur Rückseite unseres Wagens und holte eine alte Axt, die wir benutzten, um Feuerholz zu schlagen, wenn wir lagerten. Mit einem mächtigen Schlag teilte ich das Seil, das zwischen zwei Führungsösen hindurchlief. Es war das Seil, das über den ganzen Fluss gespannt war und das verhinderte, dass wir flussabwärts drifteten. Es war dasselbe Seil, an dem der Fährmann zog, um uns auf die andere Seite zu bringen.

»W … Was hast du getan?«, schrie er, als das Seil sofort durch die Ösen schnellte und ins Wasser klatschte. Wir bewegten uns bereits flussabwärts.

Sein Schrei weckte Bruder Johann und erregte die Aufmerksamkeit Luthers. »Was ist los?«, fragte Luther.

»Diese Männer«, antwortete ich und deutete auf das Ufer. Im selben Augenblick wendeten sie ihre Pferde, ritten in unsere Richtung und zeigten auf uns. »Eine Falle!«, sagte ich. »Sie warten auf uns, und es gab keine andere Möglichkeit, ihnen auszuweichen.«

Die Strömung riss dem Fährmann das Seil aus der Hand, und wir trieben auf die immer enger werdende Schlucht zu. Der Fährmann schrie mich an: »Du dummes Kind. Du hast meine Fähre auf dem Gewissen, vielleicht sogar unser Leben. Selbst wenn wir die Stromschnellen überstehen, wird es Wochen dauern, bis ich eine neue Fähre gebaut habe. Hast du den Verstand verloren? Welcher Teufel hat dich geritten?«

Doch dann war keine Zeit mehr, mich anzuschreien. Die Gischt spritzte hoch, als wir uns den Stromschnellen näherten. Der Fährmann befahl Bruder Johann, ihm mit einem Ruder zu helfen, und Doktor Luther und ich hatten uns um das zweite Ruder zu kümmern. »Sieh nach vorne! Nach vorne!«, schrie er. »Versuch nur, den Steinen auszuweichen. Wenn wir auflaufen, bricht das Floß!«

Das Floß tanzte schon auf und nieder, als wir die kleinen Schnellen überquerten. Doch weiter vorne sah ich sehr viel größere. Der Fährmann schrie und wies uns an, die Fähre auf die Seite zu steuern, von der wir losgefahren waren. Dann sah ich, warum. Wir steuerten direkt auf einen Wasserfall zu. Er war zwar klein, doch immerhin groß genug, uns umzuwerfen, wenn nicht das Floß sowieso zerbrach. Doktor Luther und ich zogen mit vereinten Kräften an dem Ruder, aber wir bewirkten offenbar gar nichts. Doch dann wurden wir von einer anderen Strömung erfasst, die uns auf die sichere Seite des Flusses trieb.

Als wir den Wasserfall erreichten, lag der größte Teil der Fähre im ruhigen Gewässer, doch die Seite, auf der der Fährmann und Bruder Johann standen, hing über dem Abhang des Wasserfalls. Dadurch wurde die Fähre so belastet, dass das Holz krachte und ächzte, dass es über den ganzen Flusslauf zu hören war. Wir verloren beinahe das Gleichgewicht, und wir wären wahrscheinlich von Deck gefallen, wenn wir nicht an den Rudern gehangen hätten.

Die beiden Pferde, die vor den Wagen gespannt waren, blieben ruhig, aber das Pferd hinten geriet in Panik und bäumte sich auf. Beim zweiten Mal rutschte es aus und fiel über den Seitenrand ins Wasser. Es war jedoch noch am Wagen festgebunden. Das Halfter und das Seil waren sehr stabil, denn der Wagen wurde auf die Seite gezogen, und gleichzeitig zogen sie den Kopf des Pferdes unter Wasser.

»Schlag das Seil durch!«, schrie Luther, als ich hinrannte. »Schlag es durch, oder wir verlieren alles.«

Ich griff nach der Axt, die immer noch an Deck lag, und schlug das Seil entzwei. Das Pferd schwamm schnell weg, während wir weiter stromabwärts trieben, und als ich wieder hinsah, hatte es festen Boden unter den Hufen gewonnen und kletterte ans Ufer.

Wir waren jedoch nach wie vor in Gefahr. Immer mehr schäumte das Wasser vor uns. Ich blickte auf das gegenüber liegende Ufer und sah die Reiter, die weiter flussabwärts ritten, um mit uns mitzuhalten.

An der nächsten Stromschnelle waren höhere Wellen, die über den Fährrand schlugen. Der Fährmann schrie uns zu, wir sollten die Fähre auf die Seite drehen. »Wir müssen uns mit diesen Wellen bewegen, oder das Floß bricht auseinander«, rief er. Wieder zogen und zogen wir an unserem Ruder, und es gelang uns, die Fähre seitlich zu drehen, gerade als die Wellen das Floß erfassten.

Auf und ab ging es. Auf und ab und auf und ab. Die beiden Pferde auf dem Floß gingen in die Knie und fielen schließlich durch die Bewegung zur Seite. Sie rollten angsterfüllt die Augen und quiekten wie Schweine, als sie versuchten, wieder aufzustehen.

Doch dann hatten wir es geschafft. Wir waren immer noch auf der Fähre.

Die nächste halbe Meile war das Wasser stiller, und ich blickte zurück zu unseren Verfolgern. Sie hatten an den steilen Abhängen des Ufers angehalten. Es gab von dort aus keinen Weg mehr, auf dem sie uns stromabwärts hätten folgen können.

Wir drehten das Floß wieder nach vorne und trieben durch den engsten Teil der Schlucht. Wir hatten noch zwei Stromschnellen zu passieren, die lange nicht so gefährlich waren wie die, die die Pferde in die Knie gezwungen hatte. Dann kamen wir in ein kleines Tal, wo der Fluss ruhig dahinfloss, und wir konnten die Fähre ans Ufer lenken, wo wir sie auf einen schmalen Sandstreifen laufen ließen.

Gefangen genommen

Ich glaube, der Fährmann war genauso froh wie wir, dass er noch am Leben war, denn er schrie mich nicht sofort an. Stattdessen half er uns, den Wagen von der Fähre auf den Weg zu bringen. Und das war gar nicht so leicht.

Zuerst mussten wir Holz zusammentragen, um eine Art Rampe von der Fähre zu dem Sandstreifen zu bauen. Doch der Sand war so weich, dass der Wagen beinahe bis zur Achse einsank und die Pferde Mühe hatten, die Hufe zu heben.

Mit Stöcken, die wir als Hebel benutzten, und Buschwerk, um einen festeren Untergrund zu schaffen, gelang es uns schließlich, ans Ufer auf eine wunderschöne Wiese zu kommen.

»Wohin jetzt?«, fragte Bruder Johann.

»Das ist genau die richtige Frage zur richtigen Zeit«, knurrte der Fährmann. »Daran hätten Sie denken

sollen, bevor dieses verrückte Kind das Seil zerschlagen hat. Das werden Sie bezahlen. Sie werden mir eine neue Fähre bezahlen«, sagte er. Dann drehte er sich zu mir um. »Was zum Teufel hast du dir dabei gedacht?«

»Es waren diese Männer am Ufer«, sagte ich. »Sie waren hinter uns her, und es gab keine andere Möglichkeit, ihnen zu entkommen.«

»Hinter euch her? Du hast zu viel Phantasie! Was sollten sie von ein paar Mönchen und einem verrückten Kind in einem alten Wagen schon wollen?«

Ich blickte Doktor Luther an, aber er sah nur in den Abendhimmel. Ich glaube, es machte ihm Spaß, mich so verlegen und nach Worten ringend zu sehen.

»Nun«, sagte ich kleinlaut, «Sie haben doch gesehen, dass sie versucht haben, mit uns mitzuhalten, als wir den Fluss hinuntergetrieben sind.«

»Ich habe nicht darauf geachtet.« Seine Stimme war sarkastisch. »Hast du daran gedacht, dass sie vielleicht versucht haben, uns zu Hilfe zu kommen? Wir waren in großer Gefahr, wenn du das nicht bemerkt haben solltest.«

»Wir haben durchaus Grund, vorsichtig zu sein«, sagte Doktor Luther schließlich. »Es gibt Menschen, die sähen mich lieber tot als lebendig. Wir müssen also auf alle verdächtigen Umstände achten.«

Der Fährmann musterte meinen Herrn von oben bis unten. »Sie sehen aber sehr harmlos aus. Warum sollten Sie Feinde haben?«

Luther sah Bruder Johann und dann mich an. »Sagt Ihnen der Name Martin Luther etwas?«, fragte er.

»Martin Luther? Sie sind Martin Luther? Natürlich weiß ich etwas von Martin Luther.« Der Mann nahm seine Kappe ab. »Du liebe Güte. Das werde ich meiner Frau erzählen. Welch ein Vorrecht, Sie auf meiner Fähre haben zu dürfen.«

Luther brach in lautes Gelächter aus. »Auch wenn sie durch uns unbrauchbar geworden ist?«

»Machen Sie sich darüber keine Gedanken. Ich hätte alles getan, um Ihnen zur Flucht zu verhelfen«, sagte der Fährmann und drehte seine Kappe in den Händen. »Wir werden trotzdem dafür sorgen, dass Sie einen Ersatz für Ihre Fähre bekommen«, versicherte ihm Luther.

»Eigentlich war das sehr clever von dir, Junge. Wie bist du darauf gekommen, den Fluss hinunter zu fliehen?«

Ich zuckte die Schultern. »Es gab keine andere Möglichkeit.«

»Aber ich möchte wissen, wie wir aus diesem Tal wieder herauskommen«, sagte Bruder Johann.

»Oh, das ist kein Problem«, meinte der Mann. »Wir sind nur ungefähr drei Meilen den Fluss hinuntergetrieben, und am Ende dieses Tales ist ein Bauernhof. Von dort aus geht eine Straße über die Berge zu dem kleinen Dorf Mohra, wenn sie nicht völlig vom Regen überschwemmt wurde.«

»Mohra?«, fragte Luther. »Genau dort wollen wir hin. Alle meine Verwandten leben dort. Ach ja! Jetzt weiß ich, wo wir sind.«

Wir brauchten den ganzen übrigen Nachmittag, um durch den dichten Wald nach Mohra zu fahren. Das

Dorf war sehr einsam gelegen. Wir sahen nur einen Holzfäller und zwei Bauern. In der Abenddämmerung erreichten wir das kleine Dorf und hielten an einem schönen Haus an.

»Hier wohnt meine Großmutter«, sagte Luther und lächelte breit. Minuten später waren wir umgeben von mehr Tanten, Onkel, Cousinen und Cousins, als ich zählen konnte, geschweige denn, dass ich mir die Namen hätte merken können.

Obwohl niemand uns erwartet hatte, hatten Luthers Verwandte bald eine Art Dorffest im Garten organisiert, und alle baten Doktor Luther, eine Predigt zu halten. Natürlich hatte er eine parat – die, an der er den ganzen Morgen lang gearbeitet hatte.

In dieser Nacht schlief ich gut, besser als während der ganzen Reise. Doktor Luthers Großmutter gab mir ein Zimmer für mich allein mit einem Federbett. Welch ein Luxus!

Am nächsten Morgen hatten wir ein wirklich üppiges Frühstück: frische Milch, frisches Brot – ganz luftig und weich – mit Käse und Marmelade und Tee. Doktor Luther schien überhaupt nicht in Eile. Außerdem kam jeden Augenblick irgendein anderer Verwandter herein. Viele waren Bergarbeiter wie sein Vater, einige waren Bauern, andere Holzfäller.

Es war Nachmittag, als wir endlich auf den Wagen kletterten, der inzwischen mit einem großen Essenskorb beladen war, und in Richtung Gotha abfuhren. Ich hatte Marlene immer noch nicht gesehen, aber als ich über das Ereignis an der Werra nachdachte, kamen mir Zweifel. Hatte sie dafür gesorgt, dass diese Männer uns erwarteten? Wenn nicht sie, wer hatte ihnen gesagt, dass wir kommen würden? Jeder normale Mensch hätte angenommen, dass wir durch Eisenach fahren würden.

Meine Gedanken und Gefühle waren völlig durcheinander. Konnte ich dem Mädchen vertrauen oder nicht? Ich hätte ihr gerne vertraut ...

Schließlich schüttelte ich den Kopf, als ob ich sie damit aus meinem Kopf verscheuchen konnte, und kam zu dem Schluss, dass ich sie wahrscheinlich in ein paar Tagen in Wittenberg sehen würde. Wenn sie dort auftauchte, konnte ich vielleicht herausfinden, was geschehen war und welchen Platz sie in dem Ganzen einnahm.

Durch den dichten Wald zu fahren, dauerte länger, als wir erwartet hatten. Die Straße war holperig und uneben. Die Sonne begann bereits unterzugehen, und noch immer war Gotha nicht in Sicht.

Die Straße führte aus dem Wald hinaus und ging am Waldrand weiter, der Wald lag zu unserer Linken und eine große Weide zu unserer Rechten. Auf der anderen Seite der Weide sah man ein kleines Bauerndorf. Es gab nur vier oder fünf kleine Höfe, in denen die Bauern lebten, doch da die Dunkelheit hereinbrach, fragte ich: »Meinen Sie, wir sollten die Nacht dort verbringen? Oder sollen wir nach einem Platz suchen, wo wir lagern können?«

Luther und Bruder Johann blickten hinüber zu den Häusern und überlegten, ob die Leute zu arm wären, um noch drei hungrige Mäuler mehr zu versorgen. Auf den Wiesen sahen wir Kinder spielen. Ein Hund musste unseren Geruch erfasst haben, denn er begann zu bellen.

Plötzlich kam eine Gruppe von Reitern donnernd aus dem Wald. Obwohl es fast dunkel war, glaubte ich dieselben Leute zu erkennen, die am Tag zuvor am Fluss auf uns gewartet hatten.

Bruder Johann war der flinkste von uns allen. Er sprang von dem Wagen und rannte über die Weide zu dem Dorf. Er schrie aus Leibeskräften: »Hilfe! Hilfe!«

Als zwei der Reiter sich bereitmachten, loszureiten, deutete einer der Männer mit Pfeil und Bogen im Anschlag auf Doktor Luther: »Sind Sie Martin Luther?«

»Ja, der bin ich«, antwortete er schnell.

»Vergesst den, der wegläuft«, rief der Mann den beiden Reitern nach. »Luther ist hier.«

Bruder Johann und die Reiter hinter ihm hatten fast das Dorf erreicht, bevor die beiden Verfolger umkehrten.

»Absteigen. Steigt von eurem Wagen herunter«, befahl der Anführer der Gruppe. Und zu den anderen sagte er: »Fesselt sie beide.«

Es geschah alles so schnell, und es war so dunkel, dass ich nicht sagen kann, ob es sechs oder acht Reiter gewesen sind. Aber sie hatten sofort Seile um unsere Arme geschlungen und ritten mit uns an der Leine in den Wald. Erst jetzt hörte ich einige schwache Schreie, die von dem Dorf hinter der Weide kamen. Ich blickte zurück und sah Bruder Johann mit drei oder vier Bauern, die hinter uns herrannten mit Mistgabeln und Sensen in der Hand. Ich stöhnte. Diese Hilfe kam zu spät.

Als wir erst im Wald waren, musste ich sehr aufpassen, dass ich nicht über die Wurzeln stolperte oder

dass mir nicht ein herunterhängender Zweig ins Gesicht schlug. Ich konnte meine Arme nicht bewegen, da die Seile darum geschnürt waren. Bald war ich von der Rennerei völlig außer Atem. Es wunderte mich, dass Doktor Luther nicht hinfiel.

Einmal stolperte er, und ich versuchte, ihm zu Hilfe zu kommen, aber das Seil zog mich zurück, so dass ich gegen einen Baum rannte.

Schließlich hielten unsere Entführer auf einer kleinen Waldwiese an. Dort warteten zwei Pferde. »Aufsteigen«, sagte der Anführer. Die Fesseln wurden gelöst, und man half uns in den Sattel.

»Hier, trinkt.« Man gab jedem von uns eine Flasche aus Leder mit frischem, kaltem Wasser. Ich hatte gar nicht bemerkt, wie durstig ich war, und ich trank einen großen Schluck.

»Jetzt ist es genug. Wir haben keine Zeit mehr«, sagte der Anführer, nachdem wir beide getrunken hatten. Er nahm die Flasche wieder und ritt in den Wald.

Zwischen den Bäumen war es inzwischen stockfinster, und nur, wenn wir an eine Lichtung oder einen breiten Weg kamen, wo die Bäume über uns einen Spalt offen ließen, konnte ich etwas sehen.

Wir ritten so schnell, wie die Pferde vorwärts kamen, oft im Galopp, manchmal im Trab, selten im Schritt. Ich habe keine Ahnung, wie weit wir ritten, aber die Pferde wussten offenbar, wohin.

Schließlich kamen wir auf eine breite Straße. Ein Reiter mit einer Kapuze, die er tief ins Gesicht gezogen hatte, ritt an meine Seite, und eine leise, junge Stimme sagte: »Wir hätten euch gestern schon gehabt, wenn ihr nicht diese verrückte Flussfahrt unternommen hättet. Das hat viel Zeit gekostet.«

Was? Die Stimme hörte sich an wie die von Marlene, aber bevor ich antworten konnte, holte ein weiterer Reiter auf und ritt zwischen uns.

Die dunkle Burg

Wir ritten aus dem Wald heraus durch die Felder. Der Mond ging auf, und endlich konnte ich unsere Entführer erkennen. Sie achteten immer darauf, dass zwei oder drei Reiter hinter uns waren, während die anderen vorausritten. Ich zählte sechs Reiter außer Doktor Luther und mir selbst.

Ich bemerkte, dass wir immer in Schritt fielen, wenn wir an einem Bauernhof vorbeikamen. ›Vielleicht können wir so fliehen‹, dachte ich. Wenn wir an einem Hof vorbeiritten, konnte ich laut um Hilfe schreien. Aber nach einer Weile gab ich diesen Gedanken auf. Was konnte ein verschlafener Bauer gegen sechs bewaffnete Männer ausrichten?

Aber ... waren es wirklich alles Männer? Jetzt, wo ich etwas sah, wollte ich den Reiter mit der Kapuze genauer betrachten. Er ritt ein Stück vor mir, und ich versuchte, näher zu kommen.

Als wir wieder in den Wald hineinritten, erkannte ich nur noch die Umrisse der Männer um mich herum, wenn das Mondlicht durch die Bäume fiel. Ich trieb mein Pferd ein Stück vorwärts. »Bist du es?«, fragte ich einen Reiter.

»Wer sollte ich denn sonst sein?«, grunzte eine Stimme.

Erschreckt ließ ich mich zurückfallen, doch später versuchte ich es mit einem anderen Reiter, der mir zur Antwort gab: »Es kommt darauf an, wen du erwartest.« Es war die Stimme eines Mannes.

Schließlich sah ich den Reiter mit der Kapuze und ritt an seine Seite. Diesmal war die Kapuze jedoch abgezogen und hing der Person über den Rücken; ich sah langes, dunkles Haar im Mondlicht schimmern.

»Marlene! Was soll das Ganze?«, fragte ich zornig. Ich musste mich beherrschen, dass ich nicht laut schrie. Ein schneller Blick nach hinten verriet mir, dass Doktor Luther einige Pferdelängen hinter mir ritt. »Warum habt ihr uns in einen Hinterhalt gelockt?«

»Das ist kein Hinterhalt«, sagte sie ruhig. »Es ist eure Rettung.«

»Rettung?«, fragte ich. »Wie sollte das unsere Rettung sein? Und was hatte das mit unserer Flucht den Fluss hinunter zu tun? Woher wusstest du überhaupt davon, es sei denn, du hast dafür gesorgt, dass diese Verbrecher auf uns warteten?« Ich wollte unbedingt Antworten auf meine Fragen, aber Marlene gab ihrem Pferd die Sporen und ritt voraus.

Ich war völlig verwirrt. Was war da los? Sie behauptete, es war eine Rettung. Ich kam mir jedoch wie ein Gefangener vor, und es sah mehr und mehr so aus, als wäre Marlene eine Spionin für diese nächtlichen Reiter!

Nach einer Weile machten wir Halt, offenbar um die Pferde zu tränken. Wir stiegen ab. Sofort war Doktor Luther an meiner Seite. »Karl«, flüsterte er, «wenn ich dir ein Zeichen gebe, fliehen wir los. Du reitest direkt vor mir. Wenn wir wieder in dichten Wald kommen, lass dich weit zurückfallen, so dass viel Platz zwischen dir und dem Reiter vor dir entsteht. Wenn dann eine Abzweigung kommt … vielleicht schaffen wir es dann.« Damit ging er wieder zu den anderen und bat unsere Entführer um etwas Wasser.

Als wir wieder aufstiegen, lenkte ich mein Pferd so, dass Luther direkt hinter mir ritt. Als wir weiterritten, ließ ich mich zurückfallen. Doch sofort rief einer der Männer hinter uns: »Aufschließen, da vorne!« Das hatte nicht geklappt. Ich musste warten, bis der Weg schmaler wurde und es dunkler war.

Doch dann begann ich mich zu fragen: ›Was ist, wenn Marlene die Wahrheit gesagt hat? Was ist, wenn es wirklich unsere Rettung war?‹ Das hatten sie und die Männer hinter ihr, die mich in Worms eingeweiht hatten, geplant. Sie sorgten für die Rettung, und meine Aufgabe war es, dafür zu sorgen, dass der Plan Erfolg hatte, indem ich sie über alles informierte, was Doktor Luther tat und wo er hingehen wollte.

Außerdem hatte Marlene geschimpft wegen unserer Flucht über den Fluss. Woher hatte sie davon gewusst, wenn nicht die Männer, die uns auf der anderen Seite der Werra erwartet hatten, und diese Reiter ein und dieselben waren? Wenn dies eine Rettungsaktion war, war vielleicht auch der Empfang am Fluss Teil des Plans gewesen.

Ich überlegte hin und her: Sollte ich ihr vertrauen? Oder sollten wir versuchen zu fliehen? Dann kamen wir wieder in einen dichteren Wald, und der Weg wurde schmaler und kurvenreicher.

»Jetzt könnte es klappen«, flüsterte Doktor Luther hinter mir.

Ich versuchte, mich zurückfallen zu lassen, bis der nächste Reiter drei Pferdelängen vor mir war. »Pass auf«, meinte Luther.

Ich passte auf, aber ich war immer noch unsicher, was ich tun sollte. Konnte ich Marlene vertrauen? Es war alles so verwirrend. Wenn es eine Rettungsaktion war, warum sagten uns diese Leute das nicht einfach? Natürlich wollte Doktor Luther fliehen, denn er wusste nichts von ihren Rettungsplänen. Aber ... wenn ich ihm half, vor den Menschen zu fliehen, die ihm eigentlich helfen wollten? Ich versuchte, das Für und Wider abzuwägen. Ein wilder Ritt durch den dunklen Wald. Wenn wir es schafften, konnten wir nach Wittenberg gelangen ... aber es bestand immer noch die Möglichkeit der Verhaftung – keine besonders rosige Aussicht. Oder wir konnten bei diesen Reitern bleiben, weil ein Mädchen mich gebeten hatte, ihr zu vertrauen. Plötzlich wusste ich, was ich zu tun hatte.

Der Reiter hinter Luther war in einer Biegung außer Sicht geraten, die Gelegenheit war günstig. Unsere Pferde gingen in einem schnellen Schritt, und als wir diese unübersichtliche Rechtskurve hinter uns gelassen hatten, bemerkte ich, dass man, wenn man noch weiter nach rechts ritt, in einen Hohlweg kam, der steil nach unten führte. Doktor Luther war dicht hinter mir und erkannte die Chance.

»Jetzt«, sagte er.

Ich ließ mein Pferd in die Abzweigung springen, aber dann zog ich die Zügel so hart, dass es sich aufbäumte, wieherte und mich beinahe rückwärts abwarf. Ich hatte meine Entscheidung getroffen: Ich wollte Marlene vertrauen.

Damit blockierte ich den Fluchtweg vollständig. Doktor Luther kam nicht an mir vorbei, selbst wenn er hätte allein fliehen wollen.

Als der Reiter hinter uns die Unruhe hörte, schloss er zu uns auf und sagte: »Nicht dort entlang. Zurück hier auf den Weg, und haltet euch an den Reiter vor euch. Wir wollen euch nicht mitten in diesem Wald verlieren.«

»Was war denn mit dir los?«, fragte Luther durch die zusammengebissenen Zähne. »Wir hatten die Möglichkeit zu fliehen, und was hast du daraus gemacht?«

Ich antwortete nicht. Ich hatte meine Entscheidung gefällt. Nun musste ich damit leben.

Nach kurzer Zeit ritten wir wieder auf einer offenen Straße, und da gab es keine Möglichkeit mehr, seitwärts zu verschwinden, ohne dass die Entführer es gemerkt hätten. Die Straße stieg steil an; und als wir die Spitze des Berges erreicht hatten, sahen wir die mächtigen Mauern einer großen Burg.

Wir hielten an, und der Reiter, der der Anführer zu sein schien, ritt an der langen Reihe vorbei und wies alle an: »Ruhe! Ruhe. Niemand erwartet uns in der Burg.«

Dann ritt er zurück an die Spitze und pfiff zweimal. In einem Turm leuchtete ein kleines Licht auf, und dann hörte ich das Rasseln einer Kette. Die Zugbrücke wurde für uns heruntergelassen.

Wir ritten alle gleichzeitig über die Zugbrücke, um so wenig Lärm wie möglich zu machen. Im Burghof stiegen wir ab, und ein großer Ritter kam auf uns zu. Sein Helm glitzerte im Mondlicht. »Willkommen«, sagte er flüsternd. »Ich bin der Burgherr. Würden Sie mir bitte folgen?«

Diese Stimme … ich war sicher, dass ich sie schon einmal gehört hatte, aber ich wusste nicht mehr, wo.

Der Burgherr führte uns durch verschiedene dunkle Gänge und zwei Treppen hinauf. Dieses Labyrinth wurde nur gelegentlich von Fackeln erhellt, die in den Steinwänden steckten. Der Burgherr ging voraus, Luther folgte ihm. Von Zeit zu Zeit versuchte ich, sie zu überholen, um in das Gesicht des Mannes zu sehen, aber die Gänge waren zu schmal. Dann hielt der Burgherr an einer Fackel an. Darunter stand eine Kiste, aus der er eine weitere Fackel nahm und sie anzündete. Weiter ging es durch einen dunklen Tunnel, bis der Mann vor einer Leiter anhielt, die durch eine Falltür in der Decke nach oben führte.

»Jetzt müssen Sie die Leiter hinauf, Doktor Luther«, sagte er und übergab Luther die Fackel. Bevor Luther mit dem Licht in dem dunklen Loch in der Decke verschwand, konnte ich das Gesicht des Burgherrn sehen. Seine Stimme war mir bekannt, aber ich konnte immer noch nicht genug sehen, um ihn zu erkennen. »Jetzt du«, sagte er zu mir.

Doktor Luther gab mir die Hand, um mir durch die Falltür zu helfen. »Das sind eure Räume«, kam die Stimme des Burgherrn von unten. »Es tut uns Leid, dass nicht mehr Platz ist. Morgen können wir miteinander sprechen.« Dann zog er die Leiter nach unten. Die Falltür wurde nach oben geklappt und schnappte leise zu.

Ich sah Doktor Luther an. Ich weiß nicht, was er gedacht hat. Aber ich weiß, was ich gedacht habe. Waren wir wirklich gerettet worden, oder saßen wir im Gefängnis? Es war unmöglich, das zu sagen. Von unserer Seite jedenfalls gab es keine Möglichkeit, die Falltür zu öffnen.

Gefangen im Turm

Am nächsten Morgen erwachte ich von dem fröhlichen Gesang der Vögel. Als ich an das Fenster trat, entdeckte ich unterhalb der Mauern ein Meer von Bäumen, das sich bis weit ins Tal hineinzog bis zur nächsten Stadt, die man in der Ferne sah.

Doktor Luther war auch schon auf und trat neben mich. »Ein schöner Ausblick, nicht wahr?«, meinte er.

»Es wäre schöner, wenn wir diesen Ausblick von draußen her hätten«, antwortete ich.

»Ja, sicher. Die Frage ist nur, warum hat man uns hierher gebracht.«

»Ich würde auch gern wissen, wohin man uns eigentlich gebracht hat.«

»Oh, ich weiß, wo wir sind. Die Stadt, die du dort hinten siehst, ist Eisenach. In dieser Richtung waren wir unterwegs, bevor wir den Fluss hinuntertrieben. Das hier muss also die Wartburg sein. Ich habe sie schon aus der Entfernung gesehen, aber ich bin nie dort gewesen. Ich habe jedoch gehört, dass diese Burg eine starke Festung ist. Es ist nicht leicht, sie zu erstürmen.«

Unser Quartier lag sehr hoch in der Burg,

und die Burg war auf einem so hohen Berg, dass selbst das Herankommen an den Fuß der Burg eine anstrengende Kletterei war. Wir hatten zwei Zimmer, die durch eine Bogentür getrennt waren. Diese Tür war so niedrig, dass ich mich bücken musste, um hindurchgehen zu können. Die Einrichtung war sparsam: zwei schmale Liegen, ein kleiner Tisch, ein Schreibpult, zwei Stühle und ein Nachttopf.

»Merkwürdig ist«, überlegte Luther, «dass wir in Sachsen sind, und diese Burg gehört Kurfürst Friedrich. Ich habe ihn immer als einen Freund betrachtet – zumindest solange es für ihn politisch nichts zu befürchten gab. Warum sollte er also gegen die Zusage des Kaisers, dass ich sicher reisen dürfte, vorgehen und uns auf offener Straße angreifen?«

Die Burg des Kurfürsten? Ich schluckte hart an dem Kloß, der in meinem Hals aufzusteigen drohte. »Glauben Sie … ich meine, könnte es sein, dass der Kaiser diese Zusage aufgehoben und Ihre Verhaftung befohlen hat?«, fragte ich langsam.

»Der Kaiser kann alles tun«, sagte Luther mit einem Schulterzucken. »Aber wenn Kaiser Karl meine Verhaftung befohlen hat, und wenn Kurfürst Friedrich so schnell darauf reagiert und mich gefangen hat, könnte es wirklich sein, dass ich an höherer Stelle keine Fürsprecher mehr habe.«

»Außer im Himmel«, sagte ich.

»Recht hast du, Karl. Du hast Recht.« Luther lächelte. »Wo ist mein Glaube geblieben? Ein kleines Unglück geschieht, und schon vergesse ich, wer das Universum beherrscht.« Er blickte wieder aus dem Fenster.

»Karl, dies scheint eine Burg zu sein, die niemand einnehmen kann, aber denk daran, welch eine Festung unser Gott ist. Es gibt nicht Seinesgleichen auf dieser Erde.«

In diesem Moment hörte man ein Knacken im Fußboden, und die Falltür öffnete sich langsam. Die Leiter wurde angelegt, und in der Öffnung erschien die mächtige Gestalt des Burgherrn, der uns am Abend zuvor empfangen hatte. Hinter ihm kam Marlene. Sie brachten uns Frühstück, Wasserflaschen und eine Kanne mit dampfendem, heißem Tee.

»Esst etwas«, sagte der Burgherr. Und jetzt, da ich ihn im Licht sah, erkannte ich ihn auch. »Sie sind der Mann, der mich in Worms in diesen Keller bringen ließ.«

»Ja, mein junger Freund – Karl Schumacher, unsere Kontaktperson. Du hast deine Sache gut gemacht ... außer dieser unerwartet langen Überfahrt über die Werra.«

Ich holte tief Luft. Vielleicht ... vielleicht hatte ich die richtige Entscheidung getroffen, dass ich am Abend zuvor nicht geflohen war. Es gab keinen Zweifel, dieser Mann hatte mich in Worms in dem Keller zur Kontaktperson erklärt. Er sagte, es ginge um eine ›Rettung‹. Auch Marlene hatte immer wieder gesagt, dass sie Doktor Luther helfen wollten. Vielleicht hatte ich richtig gehandelt. Aber wenn es so war, warum hielt man uns dann hier fest? Hatten sie mich getäuscht? Ich war immer noch unsicher.

Luther nahm ein Stück Brot und eine Tasse Tee. Er saß an einer Ecke des Schreibpultes. »Nehmen Sie

Platz«, sagte er und deutete auf die beiden Stühle. Ich saß auf meiner Bettkante. Dann meinte Luther mit einem sehr verwirrten Gesichtsausdruck: »Was hat das alles zu bedeuten, Karl? Du scheinst diesen Mann zu kennen. Und er nennt dich seine ›Kontaktperson‹.«

»Vielleicht sollte ich es erklären«, begann der Burgherr. »Kurfürst Friedrich macht sich seit einiger Zeit Sorgen, dass Sie nicht lebend aus Worms herauskommen. Deshalb hat er sich so dafür eingesetzt, dass Sie diese Zusage einer sicheren Reise bekommen. Aber man kann nie vorhersagen, was diesem jungen Kaiser einfällt. Er hätte diese Zusage an jedem Tag aufheben können.

Deshalb hat der Kurfürst mich gebeten, für Ihre Sicherheit zu sorgen. Er hat nichts angeordnet. Ja, er will auch gar nicht wissen,

was wir machen, denn er erwartet, dass man ihn deswegen verhört, und er möchte ehrlich sagen können, dass er von nichts weiß.

Ich überlegte, dass das Sicherste wohl wäre, wenn wir Sie entführen würden. Normale Diebe und – noch wahrscheinlicher – Männer, die für Ihre Feinde arbeiten, konnten Ihnen zu jeder Zeit auf der Strecke begegnen. Daher beschlossen wir, einen Angriff von Straßendieben vorzutäuschen, in der Hoffnung, dass der Kaiser überzeugt werden kann, dass einige übereifrige Kirchenleute sich die Situation zunutze gemacht haben und Sie schon tot sind.«

Ich blickte Marlene an. Ein Lächeln umspielte ihren Mund.

»Aber«, fuhr der Burgherr fort, »wir brauchten eine Kontaktperson, jemanden, der nahe genug bei Ihnen war, um uns über jede Ihrer Bewegungen zu informieren. Damit hat Karl uns geholfen.«

»Hast du das alles gewusst, Karl?«, fragte Doktor Luther.

»Nein, nicht ganz ... aber ich wusste einen Teil davon. Ich habe eingewilligt, bei Ihrer Rettung zu helfen. Aber ich hatte keine Ahnung von dem Hinterhalt, bis Marlene mir gesagt hat, was am Fluss hätte passieren sollen ...«

»Du wolltest mich verraten, Karl?«, unterbrach Doktor Luther. »Du hast diesen Leuten gesagt, wo wir hingehen wollten und was wir taten? Wie konntest du nur?«

»Einen Augenblick, einen Augenblick«, beruhigte ihn der Burgherr. »Versuchen Sie, uns zu verstehen,

Doktor Luther. Sie sind zu Ihrer eigenen Sicherheit hierher gebracht worden. Auch wenn Sie unbeschadet nach Wittenberg gelangt wären, hätte es nur wenige Tage gedauert, bis man Sie verhaftet hätte. Das ist sicher! Und dann hätte nur noch ein Wunder Sie vor dem Scheiterhaufen gerettet.«

»Nun, wahrscheinlich ist es so«, gab Luther zu. »Aber, Karl, wie bist du mit ihnen in Kontakt getreten?«

Ich war erleichtert, dass sich alles zum Guten wendete. »Wissen Sie noch, als wir durch Düben kamen und ich Ihnen gesagt habe, dass jemand unseren Wagen untersuchte und dann aus dem Ort galoppiert war?«

»Hm, ja. Du dachtest, dass es dieses Mädchen war, das du in Wittenberg gesehen hast.«

»Ja. Sie war es auch. Und das ist dieses Mädchen«, sagte ich und deutete auf Marlene. »Ich traf sie in Worms, und sie sorgte immer wieder dafür, dass ich mit ihr sprechen konnte, während wir unterwegs waren. Aber eines verstehe ich nicht«, meinte ich und wandte mich an Marlene, «warum du? Warum ein junges Mädchen, das allein durch die Gegend reitet?«

Marlene lachte. »Das ist mein Vater«, sagte sie und zeigte auf den Burgherrn. »Und er war nie weit weg.«

»Dein Vater?«, fragte ich. »Aber warum warst du nicht hier in der Burg, hattest schöne Kleider an und hast gelernt, wie man sich bei Hof benimmt?«

»Das habe ich schon. Ich meine, ich will all diese Dinge lernen. Nur …«

»Vielleicht kann ich das erklären«, bot der Burgherr an. »Meine Frau – Marlenes Mutter – starb vor acht

Jahren. Ich habe keine anderen Kinder, und ich schätze Marlenes Gesellschaft sehr. Daher habe ich ihr all die Dinge beigebracht, die ich kann: Reiten, Bogenschießen und wie man sich in allen Lebenslagen zurechtfindet. Und sie ist sehr begabt und mutig.«

»Nun gut, aber Mädchen …«

»Karl«, sagte Doktor Luther, «sicher erinnerst du dich an Johanna von Orleans, das französische Mädchen, das sein ganzes Land im Kampf zum Sieg führte. Jeder, der Mut hat, kann es zu etwas bringen.«

Was sollte ich dazu noch sagen?

Doktor Luther wandte sich an den Burgherrn. »Ich schätze Ihren Einsatz. Wie lange muss ich hier bleiben?«

Der Burgherr räusperte sich. »Ich schlage vor, Sie bleiben in diesen Räumen, ungesehen von allen Leuten hier in der Burg, bis Ihr Haar und Ihr Bart gewachsen sind. Dann können Sie sich im Burggelände bewegen, aber Sie müssen sich verkleiden und dürfen nicht wie ein Mönch aussehen. Ohne Verkleidung ist nicht sicher, ob nicht ein Spion Sie vielleicht erkennt.«

Luther runzelte die Stirn. Ich wusste, es fiel ihm schwer, seine Freiheit aufzugeben, zu kommen und zu gehen, zu lehren und zu predigen, wie er wollte. »Und wie soll ich mich verkleiden?«, fragte er schließlich.

Plötzlich kam mir eine Idee. »Dies ist eine Burg, in der kämpfende Ritter zusammenkommen. Warum wollen Sie kein Ritter sein … wie Sie es immer sein wollten? Sie könnten Ritter Georg sein!«

Doktor Luther lächelte. »Aber das wäre ich nicht wirklich. Ich würde nur so tun, als ob.«

»Was dann? Sie brauchen eine Verkleidung. Und was ist normaler in einer Burg als ein Ritter?«

»Eines noch«, sagte ich und drehte mich zu Marlene um. »Was hast du im Gasthaus zum Raben im letzten Winter in Wittenberg gemacht? Woher wusste Johann Eck, dass Luther die Bulle verbrannt hat, nur wenige Augenblicke, nachdem du es selbst gesehen hattest? Hast du es ihm erzählt?«

Marlenes Gesicht wurde weiß. Schließlich sagte sie: »Das war mein großer Fehler. Ich wohnte dort, das Gasthaus gehört meinem Cousin. Und mein Vater und ich waren immer sehr interessiert an Luther. Ich habe dich an dem Tag gesehen, als du die Bulle von der Kirchentür abgenommen hattest.«

»Ich weiß. Das war auch das erste Mal, dass ich dich gesehen habe.«

»Nun«, fuhr sie fort, «an dem Tag, als Doktor Luther die Bulle verbrannte, rannte ich zurück zum Gasthaus und erzählte alles meinem Cousin. Ich wusste nicht, wer Johann Eck war und dass er direkt daneben saß und alles hörte.« Sie drehte sich zu Doktor Luther. »Als ich merkte, was ich getan hatte, beschloss ich, Ihnen zu helfen. Deswegen folgte ich Ihnen nach Düben und traf mich später mit meinem Vater. Es tut mir so Leid …«

»Mach dir keine Sorgen, mein Kind«, unterbrach Luther. »Es war eine öffentliche Sache. Eck hätte es sowieso innerhalb einer Stunde erfahren.«

Marlene blickte mich an, und wir lächelten beide.

***

Die Tage vergingen; es war nicht unangenehm, in dieser Burg zu sein. Ich diente Doktor Luther, so gut ich konnte. Das Erste, was er von mir wollte, war, dass ich herausfand, was mit unserem Wagen passiert war, um seine griechische Bibel und die Laute zu holen. Er beschloss, die Zeit in der Burg damit zu verbringen, das Neue Testament ins Deutsche zu übersetzen, damit die einfachen Leute Gottes Wort lesen konnten.

»Es gibt noch einen Weg, wie die Menschen vom Evangelium erfahren können«, sagte er eines Tages zu mir. »Wir brauchen Lieder, Lieder, die die Leute singen können. Lieder, die sich ihnen einprägen, auch wenn sie die Sonntagspredigt schon lange vergessen haben. Was hältst du davon, Karl?«, fragte er und nahm seine Laute.

> *»Ein feste Burg ist unser Gott,*
> *ein gute Wehr und Waffen.*
> *Er hilft uns frei aus aller Not,*
> *die uns jetzt hat betroffen.«*

»Ich weiß noch nicht, wie es weitergehen soll«, meinte er, als er die Saiten stimmte und die Melodie erneut summte. »Diese Burg in all ihrer Stärke ist wirklich nichts ohne Gottes Macht. Hier, was ist mit diesem Vers:

> *Mit unsrer Macht ist nichts getan,*
> *wir sind gar bald verloren;*
> *es streit' für uns der rechte Mann,*
> *den Gott selbst hat erkoren.«*

»Und wer ist das?«, fragte ich. »Der Burgherr?«

»Nein, nein. Aber das passt gut.«

>»Fragst du, wer der ist?
> Er heißt Jesus Christ,
> la, la, la, …«

Er hörte auf zu singen. »Nun ja, ich weiß noch nicht, wie es weitergeht. Aber ich werde daran arbeiten. Eines Tages, Karl, werde ich ein Liederbuch für das Volk herausgeben. Der Teufel bleibt nicht lange, wo es schöne Musik gibt.«

Als es Sommer wurde, war Luthers Haar gewachsen, und er trug einen dichten, schwarzen Bart.

Der Burgherr führte ihn offiziell in der Burg als Junker Jörg ein, ein Ritter aus einem fernen Land, der die Burg besuchte.

Doch obwohl er das Neue Testament übersetzte, nahm er sich immer Zeit, mir bei meinen Studien zu helfen. »Du wirst bald so weit sein, die normale Universität besuchen zu können, wenn wir zurück in Wittenberg sind«, sagte er eines Tages zu mir.

Ich lächelte. Mein Traum wurde wahr. Aber es gab noch einen anderen in mir. Er hatte mit Marlene zu tun. Wir sahen uns jeden Tag in der Burg, und manchmal gingen wir zusammen im Wald spazieren.

Aber wie das bei Träumen nun einmal so ist, immer gibt es irgendwelche Hindernisse. Am Ende des Sommers schickte der Burgherr sie zu seiner Schwester, der Gräfin von der Ebernburg, damit sie lernte, was ein vornehmes Fräulein brauchte. Ich hätte meinen Mund halten sollen, als ich etwas über ihr Benehmen sagte.

Nun gut. Wenn sie wiederkommt und ich mit der Universität fertig bin, dann vielleicht …

Mehr über Martin Luther

Martin Luther wurde am 10. November 1483 in Eisleben in Sachsen geboren. Bald nach der Geburt ihres Sohnes zogen die Eltern Hans und Margarethe Luther nach Mansfeld, wo sein Vater Arbeit in den Minen fand. Der Vater von Martin Luther mietete eine Hütte, wo er Kupfer aus Kupfererz gewann. Er machte sich bald selbstständig.

In Mansfeld ging Martin Luther auch zur Schule, später in Magdeburg und Eisenach, und schließlich ging er nach Erfurt an die Universität. Es wird erzählt, dass der zweiundzwanzigjährige Martin Luther eines Tages, als er zur Universität ging, in ein schweres Unwetter kam und von einem hellen Blitz beinahe erschlagen wurde. In seiner Angst schrie er und schwor, ein Mönch zu werden, wenn er nur am Leben blieb.

Zwei Wochen später machte er Ernst und trat in ein Kloster ein. In diesem Kloster legte er einen weiteren Eid ab: »Von jetzt an werde ich nur dir, Gott, nur dir, Jesus, nur dir allein dienen.« Und das tat er. Am 3. April 1507 wurde Luther zum Priester geweiht. Seine Oberen fanden ihn sehr klug und wie geschaffen für dieses Amt. 1512 bekam er den Doktortitel der Theologie verliehen und wurde Professor an der Universität Wittenberg.

Doch trotz seines beruflichen Erfolgs quälte Luther seine Sünde, und er fühlte sich schuldig und von Gott nicht angenommen. Je härter er arbeitete, um

›gut‹ zu sein, desto schlechter fühlte er sich, bis er eines Tages in seiner Bibel auf Römer 1,17 stieß: »Denn darin wird offenbart die Gerechtigkeit, die vor Gott gilt, welche kommt aus Glauben in Glauben; wie geschrieben steht: ›Der Gerechte wird aus Glauben leben.‹«

Obwohl er Theologie unterrichtete, hatte er nicht begriffen, dass er sich Gottes Gunst nicht verdienen konnte. Sie ist ein Geschenk, das man nur durch Glauben empfangen kann. Und Martin Luther hat dieses Geschenk angenommen.

Diese Erkenntnis veränderte Luthers Leben.

Seine erste Frage war: Warum habe ich diese Botschaft nie in meiner Gemeinde gehört? Er sah sich in den Gemeinden um. Den Menschen, die Gott gefallen wollten, sagten die Priester, sie müssten Ablassbriefe kaufen und den Gesetzen der Kirche gehorchen. Diese Ablassbriefe (Schriftstücke, die besagten, dass die Sünden vergeben sind) brachten den Kirchen sehr viel Geld.

Luther war außer sich. Diese Dinge waren Betrug, und er beschloss, dagegen vorzugehen. Er versuchte, die Geistlichen davon zu überzeugen, dass sie die Wahrheit zu lehren hätten. Er diskutierte mit ihnen und schrieb Bücher darüber, warum diese Handlungsweisen der Kirche falsch waren. Er erklärte, dass die Bibel wichtiger war als die Schriften des Papstes und der Bischöfe, die die Gesetze aufstellten. Sie waren nicht die höchste Instanz. Sie hatten Fehler gemacht, das war nach Luthers Ansicht erwiesen durch die Tatsache, dass sie auch in der Vergangenheit manche Regeln geändert hatten.

Wenige Geistliche und einige der Landesherren unterstützten Luther. Kurfürst Friedrich von Sachsen war einer derjenigen, die für Luther waren. Doch andere sahen, dass Luthers Gedanken ihre Macht und ihren Einfluss auf die Menschen erheblich schwächen konnten. Deshalb stellten sie sich gegen ihn.

Wie in diesem Buch erzählt, erreichte die Auseinandersetzung einen Höhepunkt mit dem Reichstag von Worms, wo Luther sich weigerte, etwas von dem zurückzunehmen, was er gesagt hatte, es sei denn, jemand bewies ihm mit der Bibel, dass er Unrecht hatte. Nach seiner Rettung hielt sich Luther fast ein Jahr in der Wartburg auf. Er war verkleidet als ein Ritter, der die Burg besuchte. Er hatte einen jungen Pagen bei sich, der die Aufgabe hatte, Luther immer wieder daran zu erinnern, standhaft zu bleiben.

Dort vollendete er viele einflussreiche Schriften, sein bedeutendstes Werk war die Übersetzung des Neuen Testaments ins Deutsche.

Die Reformation gewann immer mehr Unterstützung, doch in einigen Bereichen – unter anderem auch an der Universität in Wittenberg – wurde sie gewaltsam und fanatisch. Luther konnte aus der Ferne keine Weisungen erteilen, deshalb verließ er schließlich die Wartburg, um von der Kanzel der Stadtkirche in Wittenberg zu sprechen. Seine ruhige Führung tat ihre Wirkung in Wittenberg, aber der Geist der Reformation begann sich im ganzen Land auszubreiten. Und um 1525 zogen die Bauern gegen die wohlhabenden Herren in ganz Europa in den Krieg. »Wir sind frei – so heißt es in der Bibel. Und wir werden frei sein!«, so lautete ihre Forderung. Dies war keine

Aktion Luthers, zumindest nicht direkt, aber seine Gedanken beflügelten den Aufstand.

Zuerst konnten die Bauern die Adligen überwältigen; mächtige Klöster und viele Burgen und Schlösser wurden eingenommen. Die Bauern forderten und brauchten Luthers Unterstützung, aber er gab sie ihnen nicht. Er schrieb sogar ein Flugblatt, in dem er den Adel aufforderte, die Revolte niederzuschlagen. Und das taten sie, indem sie die Bauern zu Tausenden regelrecht abschlachteten.

Luther starb 1546. Die neue Kirche hatte sich bis dahin fest in Europa etabliert.

Obwohl es viele Reformatoren gab, war Luther aus verschiedenen Gründen der einflussreichste. Er war ein guter Redner, und es gelang ihm, viele seiner Gedanken zu veröffentlichen, bevor man sich so heftig gegen ihn stellte. Daher hatte er viele auf seiner Seite, die zum Teil in sehr wichtigen Positionen saßen. Das hat ihm wahrscheinlich das Leben gerettet. Luthers Reformation in Mitteleuropa war ein willkommener Anlass für die Politiker des Heiligen Römischen Reiches, die Römisch-Katholische Kirche zu schwächen und Macht an sich zu reißen. Luther wurde daher nicht als Bedrohung für den Staat gesehen wie einige Wiedertäufer.

Zu Beginn hatte Luther keinesfalls die Absicht, einen Bruch mit der Katholischen Kirche zu erreichen. Er wollte nur auf die offensichtlichen Fehler aufmerksam machen und sie korrigieren. Aus diesem Grund war es eine Überraschung und auch Enttäuschung für ihn, dass seine Gedanken einer ›reformierten‹ Religion in Deutschland zur Gründung einer neuen Kirche führten. Er wollte genauso wenig, dass diese neue Kirche seinen Namen übernahm, doch die Lutheraner sind mit ihren Praktiken und ihrem Glauben auch heute noch ein Begriff.

Dave und Neta Jackson

Glaubenshelden

Hardcover

240 Seiten
Best.-Nr. 255.355

»Vorbilder gesucht!« Diesen stummen Schrei scheint man bei genauem Hinhören von vielen Kindern und Jugendlichen zu vernehmen.

Sie suchen nach Orientierung und Maßstäben, nach Werten, für die es sich zu leben und zu sterben lohnt, nach Menschen, die glaubwürdig sind.

In diesem Buch werden charakteristische Eigenschaften wie Geduld, Treue, Mut, Disziplin, Vertrauen, Dankbarkeit u. a. anhand bekannter und weniger bekannter Männer und Frauen wie z. B. William Tyndale, David Livingstone, Eric Lidell, Gladys Aylward und Amy Carmichael vorgestellt. Lebensbilder von »Glaubenshelden« für Kinder erzählt, die Mut machen, ein Leben mit Gott zu wagen, ein Buch zum Lesen und Vorlesen. – JM 6-12

Dave und Neta Jackson

Verrat im Gefängnis – John Bunyan

160 Seiten
Best.-Nr. 255.446

Man schreibt das Jahr 1660 und London ist ein gefährliches Pflaster – das muss auch der zwölfjährige Richard Winslow erfahren, als sein Vater des Verrats beschuldigt wird und in den Tower muss. Aus Sorge um die Sicherheit der restlichen Familie flüchten Richards Mutter und seine Schwestern nach Schottland. Richard entschließt sich jedoch zum Bleiben, falls sein Vater ihn braucht.

Aber in London zu bleiben, wäre zu riskant. Also macht sich Richard auf den Weg ins nahe Bedford, wo sein Onkel Gefängniswärter ist.

Während er für seinen Onkel arbeitet, schließt Richard unerwartet Freundschaft – mit einem Gefangenen namens John Bunyan, der unter Lebensgefahr eine aufrüttelnde Botschaft verbreitet. Richard möchte diesem mutigen Mann gerne helfen, fürchtet sich aber vor den Folgen, die es für ihn – und für seinen Vater – haben könnte.

Er will seinen Vater befreien – aber ist er auch bereit, den schrecklichen Preis dafür zu zahlen?

Dave und Neta Jackson

Der Räuber von Ashley Downs – Georg Müller

Taschenbuch

160 Seiten
Best.-Nr. 255.529

Man schreibt das Jahr 1870.
Als Curly Roddy zwölf Jahre alt wird, hat er bereits sechs Jahre als heimatloses Waisenkind auf den berüchtigten Straßen Londons verbracht. Er schläft im Müll und ernährt sich von Abfällen – wenn er überhaupt etwas findet.

Manchmal kann er mit Singen etwas Geld verdienen, oder er führt akrobatische Kunststückchen vor. Meistens aber hält er sich mit kleinen Diebstählen über Wasser.

Als er Wind davon bekommt, dass für ein Waisenhaus in Bristol eine größere Menge Geld mit einer Postkutsche transportiert werden soll, erkennt er die Chance auf den Coup seines Lebens. Geld im Überfluss wartet auf ihn! Mit einigen Kumpanen macht er sich ans Werk.

Doch dann kommt es zu einer entscheidenden Begegnung mit dem »Vater der Waisenhäuser« – Georg Müller.